ReceptioGate

Diffamazione accademica e smembramento di manoscritti medievali miniati

Con la documentazione ufficiale del caso e una cronologia completa della campagna diffamatoria 2022–2025

Jordi Puig

Receptiogate. Diffamazione accademica e smembramento di manoscritti medievali miniati

Con la documentazione ufficiale del caso e una cronologia completa della campagna diffamatoria 2022–2025

di Jordi Puig

Bibliothèque de l'Oprom,
60 rue François-1er 75008 Paris 8e

ISBN 978-2-488-51202-2

9 782488 512022

Indice

Premessa all'edizione italiana

Questo volume nasce in lingua inglese dalla necessità di ricostruire, con rigore documentario e intellettuale, i momenti di una campagna diffamatoria sistematica che ha investito una studiosa e l'intero centro di ricerca da lei diretto, accusati strumentalmente di frode accademica. Col tempo, l'impianto accusatorio si è rivelato fondato su narrazioni distorte, file manipolati, blog privi di alcuna credibilità scientifica, gravi omissioni contestuali e persino articoli redatti da giornalisti compiacenti, remunerati per alimentare la disinformazione.

L'obiettivo del presente libro in versione italiana è duplice: da un lato, ristabilire la verità storica attraverso fonti verificabili e una cronologia documentata; dall'altro, offrire uno strumento critico per comprendere come a una denuncia presentata al Comando Carabinieri Tutela Patrimonio Culturale (TPC) riguardo al mercato illecito di manoscritti medievali sia seguito un presunto scandalo accademico.

A differenza di quanto frequentemente accade con le narrazioni mediatizzate, la ricostruzione qui proposta si fonda su atti ufficiali, date verificabili, pubblicazioni a stampa, corrispondenze archiviate e riscontri pubblici.

Si tratta di un'indagine indipendente, condotta tra il 2023 e il 2025, attorno a uno dei più gravi casi di manipolazione e delegittimazione pubblica in ambito umanistico europeo contemporaneo.
La studiosa attaccata, la Professoressa Carla Rossi, durante gli attacchi, non ha mai avuto accesso diretto ai mezzi digitali attraverso cui è stata presa di mira (i cosiddetti "social"). La sua risposta si è articolata mediante vie legali, pubblicazioni scientifiche rigorosamente documentate e la mobilitazione di una rete internazionale di studiosi.

Nel corso della stesura sono emersi collegamenti espliciti tra alcuni degli autori della campagna diffamatoria e soggetti coinvolti nel commercio e nello smembramento sistematico di manoscritti medievali, con particolare riferimento al mercato antiquario anglofono. Molti dei principali aggressori digitali non appartengono al mondo accademico istituzionale, ma agiscono come intermediari o beneficiari diretti di un sistema di profitto basato sulla disgregazione del patrimonio culturale europeo. Altri, invece, sono docenti universitari in attività o in pensione, legati da rapporti economici a case d'asta e gallerie antiquarie, e potenzialmente esposti, sul piano giuridico e reputazionale, qualora il proprio nome risultasse associato a materiale di provenienza illecita.

Non si tratta, pertanto, di un semplice episodio di diffamazione, bensì di una vera e propria macchina del fango, ideata allo scopo di delegittimare una studiosa attiva da trent'anni, filologa e storica dell'arte stimata a livello internazionale, e un centro di ricerca che si dedica alla ricostruzione digitale dei manoscritti smembrati.

La presente edizione italiana nasce dall'esigenza di rendere pubblici, in modo accessibile e documentato, i fatti e le prove relativi a un caso emblematico di attacco mirato a fini intimidatori e diffamatori, per riaffermare il valore della verità documentata, della responsabilità accademica e della difesa della ricerca contro ogni forma di mistificazione o delegittimazione.

Cronologia degli avvenimenti

Agosto 2022

Viene pubblicato il numero speciale monografico della rivista scientifica *Theory and Criticism of Literature and Arts* (Vol. 6, n. 1, ISSN digitale: 2297-1874; ISSN cartaceo: 2504-2238), intitolato *Biblioclasm & Digital Reconstruction. Eleven scattered manuscripts digitally reassembled through the Wayback Recovery Method* (disponibile al link: https://www.isfida.eu/vol-6-nr-1-2022).
Questo numero raccoglie il risultato del lavoro condotto dalla Prof.ssa Carla Rossi e dal suo team nell'ambito della ricostruzione filologica e iconografica di undici manoscritti miniati medievali che sono stati smembrati e immessi sul mercato antiquario. Attraverso la metodologia denominata *Wayback Recovery Method*©, sono state identificate, analizzate e digitalmente ricomposte le parti superstiti dei codici distrutti, fornendo per ciascuna unità bibliologica informazioni accurate riguardanti la provenienza, le modalità di dispersione, i canali di vendita e le descrizioni d'asta (con citazioni dirette dai cataloghi commerciali).

In concomitanza con la pubblicazione di questo lavoro, la Prof.ssa Rossi ha formalmente presentato, con il sostegno della collega Lucinia Speciale (Università del Salento), al Comando Carabinieri per la Tutela del Patrimonio Culturale (TPC) una denuncia concernente l'attività di una rete di soggetti coinvolti

nell'acquisizione illecita, nello smembramento sistematico e nella successiva commercializzazione di manoscritti miniati medievali, allegando documentazione dettagliata.
Il libero professionista britannico Peter Kidd, che da anni gestisce un blog pubblicitario di fogli di manoscritti smembrati e collabora con collezionisti privati, gallerie antiquarie e rivenditori, nota la pubblicazione, come scrive egli stesso in un post del suo blog, e ne rimane molto seccato.

Ottobre 2022

La segnalazione al TPC viene integrata da Rossi da una memoria dettagliata, che indica con nome e cognome mercanti, consulenti e intermediari coinvolti nel traffico di manoscritti. Le autorità italiane confermano la ricezione e avviano accertamenti interni.

20 dicembre 2022

La Prof.ssa Rossi pubblica un articolo in open access su *AboutArt Online*, che illustra il problema dello smembramento dei manoscritti e fa esplicito riferimento alla sua denuncia presentata al TPC.

Link all'articolo: https://www.aboutartonline.com/manoscritti-medievali-europei-a-prezzi-stracciati-sul-web-un-appello-per-la-tutela-di-beni-culturali-tra-i-piu-preziosi/

22–28 dicembre 2022

L'articolo della Prof.ssa Carla Rossi, pubblicato il 20 dicembre 2022 su *AboutArt Online* con riferimento alla denuncia presentata al Comando Carabinieri per la Tutela del Patrimonio Culturale (TPC), viene inoltrato, tramite indirizzario pubblico non protetto, dalla Prof.ssa Alessandra Perricciolì Saggese a tutti i membri della Società Internazionale di Storia della Miniatura, il cui indirizzo ufficiale coincide con la residenza privata della stessa Perriccioli Saggese a Napoli.
L'invio massivo dell'articolo, mediante il database associativo non oscurato e senza previa autorizzazione degli interessati, costituisce una violazione della normativa italiana in materia di protezione dei dati personali (Regolamento UE 2016/679 – GDPR e Codice della Privacy, D.Lgs. 196/2003).

Nel giro di pochi giorni, in seguito a questa diffusione, prende avvio una campagna diffamatoria coordinata, orchestrata da Peter Kidd attraverso il suo blog, igurano affermazioni prive di fondamento, spesso accompagnate da un tono sarcastico o denigratorio. In particolare:

– accusa la Prof.ssa Carla Rossi di "plagio" per aver riprodotto nel volume in Open Access di ricorstruzione del *Libro d'Ore De Roucy* (link:
https://books.google.ch/books?id=kRDgEAAAQBAJ&printsec=frontcover&hl=it#v=onepage&q&f=false) un dettaglio fotografico tratto da un catalogo d'asta Sotheby's del 1954, sostenendo che la

fotografia in questione sarebbe stata da lui personalmente scattata e sarebbe riconoscibile grazie alla presenza, a suo dire, di "un pelo della sua barba" (il dettaglio, però, non è presente nell'edizione di Rossi e per questo, allo scopo di rendere verosimile l'affermazione di Kidd, iniziano a circolare online PDf con metadati modificati in cui figura "il pelo di Kidd");

– accusa Rossi di aver copiato dal suo blog la descrizione di 4 righe di una miniatura (raffigurante Santo Stefano, Santa Caterina e San Lorenzo, riconoscibili grazie ai loro strumenti di martirio, ossia le pietre, la ruota e la graticola), proveniente dal *Libro d'Ore di Louis de Roucy*, e di aver ripreso – senza citarlo – l'attribuzione del manoscritto a un uso liturgico specifico (dato peraltro riscontrabile attraverso i testi liturgici stessi, come documentato da Rossi nei suoi due studi sul manoscritto, come avremo modo di appurare);

– afferma che il centro di ricerca RECEPTIO sarebbe del tutto "inesistente", negando l'effettiva operatività della sua sede, del team accademico e della biblioteca. In tali dichiarazioni, Kidd ignora volutamente anche l'esistenza della fondazione omonima, regolarmente registrata e dotata di personalità giuridica, oltre che coinvolta in progetti editoriali, scientifici e didattici documentati a livello nazionale e internazionale (come vedremo tra breve). Questa insistente negazione, priva di qualsiasi riscontro oggettivo, costituisce un tentativo deliberato di delegittimazione istituzionale;

– sostiene che tra i membri del centro figura Antoni Rossell, "accademico defunto da un anno", ignorando che il prof. Rossell è vivo e attivo (il docente sarà costretto a registrare un video a dimostrazione della propria esistenza in vita, contro le affermazioni malevole di Kidd);

– accusa il sito ufficiale di RECEPTIO di aver utilizzato, in una fase iniziale della sua realizzazione tramite la piattaforma Wix, un template grafico preimpostato che conteneva immagini segnaposto non ancora sostituite (a causa delle scarse risorse economiche dovute alla pandemia). In particolare, sostiene che alcune fotografie generiche presenti nella sezione dedicata al personale del centro non rappresenterebbero membri effettivi del team, insinuando intenzionalmente una falsificazione dell'identità istituzionale. L'errore, di natura esclusivamente tecnica, è stato strumentalizzato da Kidd per sostenere la tesi dell'"inesistenza" del centro stesso.

Le affermazioni di Kidd, che diventano virali, grazie a una strategia incrociata organizzata capillarmente sotto Natale, da una rete di "anonimi", ed è così che molto rapidamente, tra natale e Santo Stefano:

– messaggi anonimi che tacciano Rossi di cattiva condotta e di "plagio" dal blog di Peter Kidd iniziano a circolare attraverso mailing list accademiche, sfruttando anche l'indirizzario pubblico reso accessibile dalla Prof.ssa Perriccioli;

– si diffondono sui social affermazioni sull'inesistenza del centro di ricerca RECEPTIO e della sua biblioteca;

– Soggetti anonimi — mai identificati, ma operanti con evidente coordinamento — iniziano a contattare capillarmente persone e istituzioni in relazione professionale o accademica con la Prof.ssa Carla Rossi. Ne risultano coinvolti colleghi universitari, partner accademici italiani ed esteri, case editrici che hanno pubblicato i suoi volumi, enti di ricerca, organizzatori di convegni a cui Rossi ha partecipato, e persino studenti i cui nomi compaiono nei progetti pubblici del centro RECEPTIO.

A ciascuno di questi interlocutori vengono indirizzati messaggi diffamatori, spesso sotto forma di segnalazioni "di allerta", altre sotto forma di minaccia a non dare più credito alcuno a Rossi, contenenti accuse infondate di cattiva condotta accademica, insinuazioni sulla presunta inesistenza del centro RECEPTIO e sull'inattendibilità scientifica delle pubblicazioni. Tali comunicazioni, sempre anonime, vengono inviate anche all'Università di Zurigo, con cui la Prof.ssa Rossi aveva avuto un rapporto lavorativo scaduto nell'ottobre del 2022, con l'intento evidente di comprometterne la reputazione istituzionale.

Questa strategia, basata su messaggi non firmati ma strutturati con stile ricorrente e tempistica coordinata, si configura una vera e propria rete di diffamazione, che ha sfruttato le infrastrutture accademiche (mailing list, rubriche pubbliche, contatti editoriali) per veicolare informazioni false e denigratorie a danno di una singola studiosa e della sua rete scientifica.

Queste dinamiche segnano l'inizio di un'azione lesiva e sistemica.

26 dicembre 2022

Il portale svizzero *Kath.ch* pubblica un articolo firmato da Raphael Rauch contenente gravi affermazioni diffamatorie (come l'inesistenza del centro RECEPTIO, della sua biblioteca e persino dell'avvocato Paolo Bernasconi, che ha curato nel 2019 la procedura di costituzione della Fondazione RECEPTIO).
A seguito di un controllo interno da parte della direzione del giornale, l'articolo viene poi rimosso.
Link d'archivio:
https://web.archive.org/web/20230101034503/https://www.kath.ch/newsd/carla-rossis-fake-institut-wirbt-mit-alibi-bibliothek-und-drogenanwalt/

Gennaio 2023

Nel gennaio 2023, G. F., un docente in pensione dell'Università di Zurigo, legato ad ambienti antiquariali e in rapporti con soggetti coinvolti nel mercato di manoscritti smembrati, ha contattato ripetutamente la Prof.ssa Carla Rossi. In un primo momento si è proposto come mediatore tra lei e Peter Kidd, ma ben presto il tono delle sue comunicazioni è mutato drasticamente: ha iniziato ad accusarla apertamente, esercitando pressioni indebite affinché non rendesse pubblica la denuncia già depositata presso le autorità italiane, arrivando a minacciarla con parole testuali come "*se non fai pubblica ammenda, non lavorerai mai più*". Ha inoltre intimato alla studiosa di non ricorrere ad assistenza legale, e ha insistito ripetutamente per ricevere copia della denuncia presentata da

Rossi al Comando Carabinieri per la Tutela del Patrimonio Culturale (TPC).
Le conversazioni telefoniche sono state integralmente registrate e conservate dalla Prof.ssa Rossi a tutela della propria posizione.
L'episodio è particolarmente grave anche alla luce del fatto che il TPC aveva già recuperato un foglio escisso da un manoscritto musicale medievale italiano rubato, venduto per 48.500 franchi svizzeri presso la casa d'aste Koller di Zurigo. L'expertise che accompagnava il foglio — attribuendogli una provenienza lecita — era stata redatta proprio dal docente in questione, malgrado l'oggetto fosse stato rubato, come confermato dai Carabinieri del Nucleo Tutela.
Questo episodio si inserisce in un contesto ben più ampio di tentativi di intimidazione, isolamento e screditamento nei confronti della Prof.ssa Rossi.

Appaiono online necrologi falsi e modifiche vandaliche alla voce Wikipedia di Carla Rossi, in cui viene inserita la data fittizia della morte della studiosa. La pagina viene in seguito protetta dagli amministratori di Wikipedia.
Link necrologio archiviato:
https://web.archive.org/web/20230127205042/https://www.deinadieu.ch/todesanzeigen/carla-rossi/

Maggio 2023 – aprile 2024

Nonostante la campagna diffamatoria in corso, estremamente

violenta sui social media (specie Twitter), la Prof.ssa Rossi continua l'attività scientifica e pubblica vari volumi con *Cambridge Scholars Publishing*, tra cui:

–*Isabelle Boursier's Book of Hours* (2024)
– *Digital Reconstruction of a Dismembered Book of Hours Illuminated by Robert Boyvin* (2024)
Questi volumi documentano casi concreti di smembramento e le metodologie di ricostruzione digitale applicate.

Per tutto il 2024, la campagna diffamatoria avviata da Peter Kidd il 22 dicembre 2022 ha proseguito la sua escalation, assumendo tratti apertamente persecutori. Dai primi attacchi via email si è passati a messaggi contenenti espliciti auguri di morte, inviti a "punizioni" fisiche violente, rivolte non solo alla Prof.ssa Carla Rossi, ma anche ai suoi colleghi, ai collaboratori del centro RECEPTIO e persino ai suoi familiari. Questi messaggi, in alcuni casi corredati da minacce concrete, hanno creato un clima di terrore duraturo. Sono stati pubblicati su YouTube e TikTok alcuni video apertamente violenti e diffamatori, in cui veniva utilizzata una fotografia di Rossi.

La situazione è degenerata ulteriormente quando sono state pubblicate online fotografie riconoscibili dell'abitazione della Prof.ssa Rossi, esponendola così a rischi diretti e rendendo necessario un trasferimento per motivi di sicurezza personale. Si tratta di atti persecutori gravi, che superano ampiamente i confini di una "disputa accademica" (come alcuni giornali online l'hanno

voluta definire) per configurare un vero e proprio caso di violenza reputazionale e intimidazione sistematica.
Nonostante l'intensità e la durata dell'attacco, la Prof.ssa Rossi ha mantenuto un rigoroso silenzio sui social media. La sua voce non è mai intervenuta nelle piattaforme digitali per replicare o rispondere agli attacchi, proprio per evitare di alimentare ulteriormente la spirale diffamatoria. La scelta — deliberata e coerente con il ruolo accademico che ricopre — ha avuto l'effetto paradossale di amplificare il potere delle narrazioni ostili, rese ancor più aggressive dall'assenza pubblica della persona oggetto delle accuse. Alcuni sono arrivati a creare account fasulli a nome della studiosa, per colmare il vuoto da lei volutamente lasciato sui social media.
In questo contesto, l'equilibrio tra dignità accademica, protezione della propria incolumità e necessità di documentare quanto accaduto si è rivelato particolarmente complesso. La perseveranza nella ricerca, nelle pubblicazioni e nelle denunce legali non ha tuttavia mai ceduto, confermando una risposta fondata sulla trasparenza, la documentazione e il diritto. In tuto questo il ruolo dell'Università di zurigo e del Fondo Nazionale Svizzero per la Ricerca Scienfifica è a dir poco paradossale.

Aprile 2025

Esce il volume:

The ReceptioGate Affair: Truth, Defamation, and the Struggle

Against Manuscript Dismemberment, a cura di Jordi Puig, pubblicato dalla *Bibliothèque de l'OProM* (Parigi), ISBN: 978-2-488512-00-8
Google Books: https://www.google.ch/books/edition/The_ReceptioGate_Affair/wh3FEAAAQBAJ
Zenodo DOI: https://doi.org/10.5281/zenodo.15283264

I

Genesi di una crisi

Il patrimonio culturale in pericolo: lo smembramento dei manoscritti miniati occidentali

Lo smembramento deliberato di manoscritti medievali e rinascimentali occidentali a fini di lucro costituisce una pratica che compromette profondamente l'integrità materiale e intellettuale degli oggetti coinvolti, minando al contempo le fondamenta stesse degli studi codicologici.[1] Se in passato il fenomeno della biblioclastia è stato associato prevalentemente a forme di repressione ideologica e censura, nelle ultime decadi si è affermata una modalità diversa e non meno insidiosa: la distruzione dei manoscritti, alimentata da dinamiche di mercato, favorita da lacune normative, e talvolta sostenuta — in modo esplicito o implicito — da soggetti appartenenti al mondo accademico.

A differenza dei libri a stampa, che solitamente esistono

---

[1] Si veda in merito Carla Rossi, *Biblioclasm for Profit: The Legal Implications of Dismembering Western Medieval Illuminated Manuscripts*, in *Harvard Art Law Review* 1, 1, 97-167, 2025

in molteplici esemplari, ogni manoscritto medievale rappresenta un manufatto unico, esito singolare dell'interazione tra testo, immagine e supporto materiale. Lo smembramento di questi oggetti — finalizzato all'escissione di iniziali istoriate, bordure figurate o persino fogli privi di miniature — non si limita ad alterarne la struttura fisica, ma ne compromette e confonde i contesti storici, liturgici e artistici. Il *Libro d'Ore* miniato da Robert Boyvin, smembrato dopo una sottovalutata vendita all'asta nel 2017 e successivamente ricostruito digitalmente da Rossi e Martin,[2] costituisce un esempio paradigmatico della perdita culturale derivante da tali operazioni. L'unità codicologica di un'opera importante per i testi che trasmette e per le sue componenti artistiche viene irrimediabilmente cancellata una volta che i suoi fogli vengono dispersi.

Dal punto di vista giuridico ed etico, questa prassi rientra pienamente in ciò che Rossi ha definito "biblioclastia a

---

[2] Carla Rossi & Alex Martin, *Digital Reconstruction of a Dismembered Book of Hours Illuminated by Robert Boyvin* (Cambridge Scholars Publishing, 2024).

scopo di lucro"[3]: un fenomeno che si lega al commercio illecito di beni culturali, alla manipolazione delle provenienze e al riciclaggio di materiali di dubbia o illecita origine. Nonostante la crescente consapevolezza di queste dinamiche, esse rimangono marginali sia nel dibattito giuridico sia negli studi codicologici. Antiquari, collezionisti e persino alcuni studiosi hanno contribuito a creare un ambiente nel quale la circolazione di fogli isolati — decontestualizzati e trasformati in oggetti estetici — non è percepita come un atto distruttivo, bensì come pratica commerciale legittima o addirittura come un'opportunità scientifica di studio di manufatti.

Storicamente, lo smembramento di manoscritti a fini di lucro si affermò nel mercato antiquario anglo-americano a partire dalla metà del XIX secolo. Mercanti come Léon Gruel e Otto Ege sistematizzarono la disgregazione dei codici per ricavarne denaro: Gruel frazionava spesso volumi di grandi dimensioni in unità minori, mentre Ege estraeva i fogli più decorativi per assemblarli in portfoli

---

[3] Carla Rossi, "Biblioclastia a scopo di lucro e culto feticistico dei frammenti di manoscritti medievali", *Studj Romanzi*, XVIII (2022), pp. 161–183.

tematici.[4] La logica commerciale di queste pratiche sopravvive tuttora, sia sulle piattaforme digitali come eBay, dove venditori — spesso anonimi o pseudonimi — offrono fogli escissi privi di contesto, origine e verifica curatoriale, sia presso grandi case d'asta e gallerie antiquarie.

Le implicazioni per la ricerca sono gravi. Quando i fogli vengono venduti senza indicazione di provenienza o con provenienze fasulle, i tentativi di ricostruzione digitale da parte degli studiosi — pur essenziali — restano limitati a causa della perdita irreparabile del contesto materiale. Un aspetto troppo spesso ignorato è la complicità, diretta o indiretta, di alcuni ambienti accademici nel rendere possibile l'esistenza stessa di questo mercato: ciò avviene attraverso l'impiego di una terminologia volutamente ambigua — si pensi, in particolare, all'uso indiscriminato del termine "frammento"[5] —, la citazione in pubblicazioni scientifiche di siti commerciali privi di qualsiasi revisione tra pari, o ancora tramite

---

[4] Rossi, *Biblioclasm for Profit*, p. 99.

[5] Carla Rossi, *Isabelle Boursier's Book of Hours, a Dismembered Manuscript from Mary Benson's Collection* (Newcastle upon Tyne: Cambridge Scholars Publishing, 2024), si veda in particolare il capitolo "The Necessity of an Accurate Terminology".

collaborazioni con case d'asta che contribuiscono a occultare, quando non a romanticizzare, la distruzione di codici manoscritti integri.

La precisione terminologica è fondamentale per affrontare con efficacia questo problema. Rossi ha più volte sottolineato l'importanza di distinguere tra i *disiecta membra* causate da danni storici o riusi funzionali e i fogli deliberatamente escissi da un manoscritto a fini commerciali.

Etichettare impropriamente questi ultimi come "frammenti" non solo altera la ricostruzione storica, ma rischia anche di legittimare tacitamente la logica di mercato che sta alla base dello smembramento. Lo stesso discorso vale per alcuni orientamenti accademici recenti che tendono a reinterpretare il collezionismo di fogli escissida parte di istituzioni pubbliche come pratica scientificamente valida. I quadri giuridici che regolano la conservazione e il commercio dei beni culturali variano sensibilmente da una giurisdizione all'altra. La Convenzione UNESCO del 1970, ratificata da oltre 130 Paesi, stabilisce uno standard internazionale per prevenire l'importazione, l'esportazione e il trasferimento illecito di beni culturali, includendo esplicitamente i manoscritti tra gli oggetti da tutelare. La

Convenzione UNIDROIT del 1995 rafforza questo impianto, abilitando procedimenti di restituzione e regolando le rivendicazioni di proprietà a livello transfrontaliero.[10] Nell'ambito dell'Unione Europea, la Direttiva 2014/60/UE sul ritorno dei beni culturali illecitamente usciti dal territorio di uno Stato membro aggiunge un ulteriore livello di protezione.

L'Italia rappresenta uno dei sistemi nazionali più avanzati, con il Codice dei beni culturali e del paesaggio (D. Lgs. 42/2004) che prevede controlli stringenti sull'esportazione e riconosce i manoscritti come beni inalienabili del patrimonio nazionale. Le giurisdizioni di common law, come il Regno Unito e gli Stati Uniti, al contrario, tendono a privilegiare il diritto di proprietà privata e a fare affidamento sulla giurisprudenza contrattuale o sui precedenti legali, con una conseguente minore capacità di controllo sulla vendita e sullo smembramento dei beni culturali. Questa disparità facilita un meccanismo ricorrente: manoscritti provenienti da Paesi con normative più rigorose vengono esportati — talvolta illegalmente — verso giurisdizioni più permissive, dove vengono smembrati e dispersi.[6]

---

[6] Rossi, *Biblioclasm for Profit*, pp. 97sgg.

Germania e Svizzera meritano un'attenzione particolare. Entrambi i Paesi, pur avendo ratificato le principali convenzioni internazionali in materia, presentano vulnerabilità sistemiche. In Germania, la tutela del patrimonio culturale è frammentata tra il livello federale e quello regionale, il che consente significative discrepanze nell'applicazione delle normative. Anche dopo l'entrata in vigore del *Kulturgutschutzgesetz* nel 2016, molti manoscritti non raggiungono le soglie economiche che farebbero scattare i vincoli all'esportazione. In Svizzera, la Legge federale sul trasferimento internazionale dei beni culturali (2005) non prevede una protezione automatica per i manoscritti medievali, se non in seguito a dichiarazioni specifiche. Il risultato è la creazione di un corridoio legale e logistico attraverso cui innumerevoli fogli manoscritti entrano nel mercato globale, spesso privati della loro storia e riconvertiti in oggetti decorativi.

In questo contesto, il ruolo dell'accademia è cruciale. Come ha sostenuto con forza Rossi, gli studiosi hanno la responsabilità non solo di astenersi dal legittimare o assecondare lo smembramento dei manoscritti, ma anche di denunciarne apertamente i meccanismi che lo rendono possibile. Ciò implica una presa di posizione contro pratiche catalografiche fuorvianti, l'abbandono di

fonti prive di verifica in merito alla provenienza e il rifiuto di condurre ricerche fondate su materiali eticamente compromessi.
Il silenzio istituzionale, tuttavia, rimane diffuso. Eventi come *Détruire le livre*, tenutosi presso la Bibliothèque nationale de France nel novembre 2024, hanno affrontato il tema della biblioclastia da una prospettiva ideologica, senza riconoscere esplicitamente la distruzione operata dal mercato. La mancata denuncia della biblioclastia economica come minaccia contemporanea — in particolare nei contesti accademici e curatoriali — rivela una persistente reticenza ad affrontare gli intrecci strutturali tra ricerca scientifica, mercato antiquario e perdita del patrimonio culturale.

Lo smembramento di un manoscritto non è mai un atto neutro. Esso comporta la rottura deliberata di una continuità fisica, testuale e culturale, spesso compiuta nella piena consapevolezza del valore dell'oggetto e dell'irreversibilità della sua distruzione. Gli studiosi, i commercianti e le istituzioni che facilitano o giustificano tali operazioni prendono parte — attivamente o passivamente — a un processo che mina le fondamenta stesse della disciplina della codicologia e degli studi sui manoscritti. La lotta contro lo smembramento non può dunque essere ridotta a una questione di semplice recupero archivistico o di applicazione normativa: essa costituisce un imperativo etico che impone un rinnovato senso di responsabilità scientifica e un impegno autentico per la salvaguardia dell'integrità del patrimonio culturale.

Bibliografia

Direttiva 2014/60/UE del Parlamento europeo e del Consiglio del 15 maggio 2014 sul ritorno dei beni culturali usciti illecitamente dal territorio di uno Stato membro.

Rossi, Carla. *Biblioclasm for Profit: The Legal Implications of Dismembering Western Medieval Illuminated Manuscripts*, in Harvard Art Law Review, 1, 1, 2025, Summer Issue.

———. *Isabelle Boursier's Book of Hours, a Dismembered Manuscript from Mary Benson's Collection*. Newcastle upon Tyne: Cambridge Scholars Publishing, 2024.

Rossi, Carla, e Alex Martin. *Digital Reconstruction of a Dismembered Book of Hours Illuminated by Robert Boyvin*. Newcastle upon Tyne: Cambridge Scholars Publishing, 2024.

UNESCO. *Convenzione sulle misure da adottare per interdire e impedire l'importazione, l'esportazione e il trasferimento illeciti di beni culturali*, Parigi, 1970.
UNIDROIT. *Convenzione sui beni culturali rubati o illecitamente*

esportati, Roma, 1995.

Italia. Codice dei beni culturali e del paesaggio, D.lgs. 22 gennaio 2004, n. 42.

Da strumenti devozionali a oggetti da collezione

La mercificazione dei manoscritti devozionali medievali rappresenta uno dei sintomi più eloquenti della disgregazione della coscienza storica nel moderno mercato antiquario. Originariamente concepiti come strumenti unitari — oggetti in cui la funzione testuale, artistica e rituale si fondeva armonicamente — i Libri d'Ore, i Salteri, i Breviari e i Messali erano progettati per guidare la preghiera individuale e comunitaria secondo i ritmi dell'anno liturgico. La loro struttura, spesso calibrata con precisione per rispondere a riti regionali, preferenze linguistiche e cicli iconografici specifici, rifletteva una relazione profondamente integrata tra forma e funzione.

Lo smembramento di questi volumi, che li riduce a fogli isolati venduti in base alle decorazioni che contengono, implica non solo una perdita dell'unità codicologica, ma una cancellazione deliberata della loro identità storica e liturgica.

Questo fenomeno — come documentato da Rossi sin dal

1996 e nella sua recente indagine sul *Libro d'Ore Boyvin* — non è l'esito accidentale di danni storici o naturali, bensì il risultato di decisioni commerciali recenti e deliberatamente orientate al profitto. I commercianti attivi sul mercato antiquario acquisiscono frequentemente manoscritti intatti o parzialmente integri per poi asportarne le parti più "redditizie" — in genere fogli miniati o iniziali istoriate — al fine di massimizzare il guadagno. Questi fogli vengono successivamente venduti uno a uno, spesso tramite piattaforme che non impongono obblighi di verifica sulla provenienza, corredati da descrizioni che occultano il loro stesso smembramento. Nella maggior parte dei casi, il contenuto testuale risulta del tutto irrilevante per venditori e acquirenti; ciò che conta sono le immagini, il formato, lo stato di conservazione e l'attribuzione (più o meno arbitraria) delle miniature.

Questa trasformazione dei fogli escissi in "oggetti da collezione" si fonda su un mutamento sottile ma incisivo della percezione culturale. Ciò che era un libro per la meditazione spirituale diviene un oggetto d'arte, spogliato della sua funzione originaria e ricontestualizzato secondo la logica della collezione privata. La retorica impiegata per giustificare questa pratica attinge spesso al vocabolario dell'"accessibilità":

si sostiene che i fogli sciolti rendano la cultura manoscritta accessibile a collezionisti, studenti o istituzioni che non possono permettersi l'acquisto di codici interi. Questo argomento, già elaborato da Otto Ege e dai suoi epigoni, maschera il forte interesse economico dietro una patina di utilità pedagogica.

La complicità accademica in questa retorica non è trascurabile. Come rilevato da Rossi nella sua critica a progetti nordamericani di "fragmentologia", la presentazione di fogli provenienti da manoscritti smembrati come strumenti educativi ha finito per feticizzarli, trattandoli come oggetti di studio autonomi. In tali iniziative, come già osservato, la terminologia impiegata è spesso volutamente ambigua: il termine "frammento" viene usato per indicare tanto i veri lacerti di codici perduti quanto i fogli escissi da poco da manoscritti completi o quasi integri. Questa imprecisione terminologica contribuisce a normalizzare lo smembramento, presentandolo non come un fallimento etico, ma come un semplice dato di fatto storico.

Da anni, Rossi sia in conferenze, sia nei suoi scritti, insiste sul fatto che piattaforme digitali come Fragmentarium.ms (finanziato dal Fondo Nazionale Svizzero per la Ricerca Scientifica) finiscono spesso per alimentare, anziché contrastare, l'ambiguità terminologica e concettuale che circonda i fogli escissi. La mancata distinzione tra lacerti dovuti a circostanze storiche (come danni, riusi o dispersioni di archivi) e i fogli deliberatamente escissi per scopi commerciali rischia infatti di rafforzare, anziché contrastare, la logica della disgregazione del patrimonio culturale occidentale. Le interfacce privilegiano l'impatto visivo a scapito dell'analisi codicologica e raramente offrono ricostruzioni capaci di restituire la sequenza liturgica o la struttura originaria dei manoscritti. Nella maggior parte dei casi, le ricostruzioni si limitano a materiali ampiamente noti, come i fogli della collezione Otto Ege, la cui tracciabilità è relativamente agevole, lasciando invece nell'ombra gli smembramenti più recenti, spesso più gravi e meno documentati.

Rossi, dal 1996, lavora alle ricostruzioni dei manoscritti smembrati, riuscendo a ricostruire i codici distrutti al 90% (si vedano alcune sue ricostruzioni alla pagina www.receptio.eu/fac-similes).

Non meno critico è il ruolo svolto da alcune istituzioni accademiche e museali nell'alimentare, direttamente o indirettamente, il mercato dei fogli escissi. Biblioteche, musei e università, in particolare nel mondo anglosassone e in Australia, hanno accumulato per decenni singoli fogli escissi da manoscritti europei,

acquisiti tramite donazioni o acquisti privi di un'adeguata documentazione di provenienza.
Queste acquisizioni, benché talvolta presentate come atti di conservazione, contribuiscono in realtà a sostenere la domanda commerciale alla base della pratica dello smembramento. Al contempo, producono un effetto di riallocazione geopolitica del patrimonio manoscritto, spostando artefatti liturgici e devozionali dai loro contesti storici e linguistici originari verso poli espositivi o accademici che, pur dotati di risorse infrastrutturali, spesso non dispongono delle competenze filologiche, paleografiche o storiche necessarie a reinserire questi materiali nel loro orizzonte semantico e funzionale.

La trasformazione dei libri d'ore in oggetti da collezione riflette dinamiche più ampie legate all'evoluzione dell'economia globale del patrimonio culturale. Come ha documentato Rossi nella sua ricostruzione del cosiddetto *Libro d'Ore de Roucy*, il manoscritto era giunto sino a noi in forma relativamente integra, per poi essere smembrato e disperso sotto la spinta del mercato internazionale dell'arte. Un simile modello si riscontra in numerosi altri casi di libri d'ore smembrati a partire dagli anni Sessanta, in particolare in Germania e in Svizzera, quindi esportati — spesso accompagnati da provenienze fasulle — verso gli Stati Uniti o il Regno Unito.

Questi processi sono resi possibili da lacune strutturali nella tutela giuridica. Come accennato nel capitolo precedente, gli assetti normativi in vigore in Svizzera, Germania e Regno Unito consentono l'esportazione e la commercializzazione di manoscritti medievali in condizioni che non sarebbero accettabili in ordinamenti più restrittivi come quello italiano o francese. Ne deriva un incentivo sistemico all'acquisizione, allo smembramento e alla redistribuzione dei codici lungo assi regolativi asimmetrici. Le istituzioni accademiche e culturali dei Paesi destinatari, da parte loro, concorrono al perpetuarsi di queste pratiche accettando donazioni o effettuando acquisizioni prive di un'adeguata documentazione sull'origine dei fogli e sulle modalità della loro rimozione.

Le conseguenze etiche sono rilevanti. L'ingresso di fogli escissi in collezioni istituzionali non solo contribuisce a sostenere la domanda di mercato, ma finisce per conferire legittimità postuma agli atti di smembramento. Le raccolte che ospitano questi materiali — anche quando correttamente catalogate o esposte — diventano, di fatto, testimonianze silenziose della disgregazione del codice originario. In assenza di una contestualizzazione critica, di registri di provenienza trasparenti o di un'esplicita indicazione dell'estrazione da un manoscritto integro, le istituzioni evitano di confrontarsi con la propria responsabilità nella perpetuazione della biblioclastia.

Per contrastare efficacemente questo processo, è necessaria una ridefinizione profonda delle pratiche tanto accademiche quanto museali. Un primo passo imprescindibile riguarda l'uso rigoroso della terminologia: i fogli rimossi intenzionalmente da manoscritti non devono più essere descritti come "frammenti" nei cataloghi, nelle esposizioni o nei materiali didattici. Devono essere esplicitamente indicati come "fogli escissi da manoscritti smembrati", accompagnati da informazioni contestuali sul codice d'origine, sulla data e sulle modalità dell'estrazione, nonché sui precedenti possessori ove noti. In secondo luogo, le istituzioni sono chiamate a un impegno concreto per la trasparenza nella ricerca di provenienza, che includa anche l'indagine retrospettiva sulle acquisizioni pregresse e la pubblicazione integrale delle storie di proprietà. Infine, è indispensabile riaffermare il principio dell'integrità codicologica negli studi manoscritti: il manoscritto non è un mero contenitore di immagini, bensì un artefatto complesso e dinamico, il cui significato risiede nella sua struttura, nella sequenza e nell'uso originario.

Fino a quando tali cambiamenti non verranno attuati, la trasformazione di oggetti devozionali in fogli collezionabili continuerà a rappresentare un fallimento sia della ricerca sia della tutela. Il libro d'ore smembrato non è soltanto una vittima materiale delle logiche di mercato: esso costituisce un banco di prova dei valori — intellettuali, culturali ed etici — che guidano oggi il trattamento del patrimonio scritto europeo nel contesto globale.

Chi guadagna, chi legittima, chi perde

Il caso Receptio ha messo in luce i meccanismi attraverso i quali interessi economici, reti accademiche e silenzi istituzionali si intrecciano per soffocare o neutralizzare le voci che denunciano verità scomode. Lungi dall'essere il risultato di una condotta scientificamente scorretta (così è stato presentato lo "scandalo" costruito ad arte attorno al centro Receptio, questo era ed è un centro di filologia digitale e di ricostruzione di manoscritti, impegnato nel recupero di codici europei smembrati mediante metodi verificabili e con diffusione in open access. Proprio per la sua efficacia e per la visibilità delle denunce pubbliche della sua fondatrice di un traffico illecito di manoscritti, Receptio è diventato il bersaglio di una sistematica campagna diffamatoria.

Tra coloro che hanno tratto vantaggio da questa campagna non vi sono soltanto i commercianti d'arte le cui attività sono state messe in discussione, ma anche alcuni accademici. Le istituzioni che avrebbero dovuto intervenire in difesa dell'integrità di Rossi e del centro sono rimaste passive, o peggio, hanno partecipato alla diffamazione, permettendo così la diffusione incontrastata di narrazioni false.

La denuncia presentata nel 2022 dalla Prof.ssa Carla Rossi al Comando Carabinieri per la Tutela del

Patrimonio Culturale, seguita dalla pubblicazione di un articolo su *AboutArt* (https://www.aboutartonline.com/manoscritti-medievali-europei-a-prezzi-stracciati-sul-web-un-appello-per-la-tutela-di-beni-culturali-tra-i-piu-preziosi) ha segnato un momento decisivo nell'emersione pubblica del fenomeno dello smembramento di manoscritti. Tuttavia, la reazione che ne è seguita — dagli attacchi via social media all'isolamento istituzionale — ha rivelato quanto possa essere fragile la tutela della libertà accademica quando entra in rotta di collisione con interessi economici.

La successiva campagna diffamatoria non si è sviluppata all'interno di un dibattito scientifico sottoposto a peer review, né si è basata su critiche istituzionali fondate su standard accademici. È emersa invece attraverso blog personali di consulenti di case d'asta, post anonimi sui social, newsletter prive di qualunque verifica e email inviate a reti professionali con l'intento esplicito di distruggere la reputazione di Rossi. Queste forme di comunicazione, operando al di fuori di ogni struttura di responsabilità o revisione editoriale, si sono rivelate ben più efficaci dei meccanismi formali nel plasmare la percezione pubblica e nel rafforzare l'idea dello "scandalo".

Al centro della campagna si è costruita una narrazione fondata non sui fatti, ma su travisamenti, menzogne e reiterazione delle stesse informazioni fasulle.

Elementi centrali di questa retorica hanno compreso la messa in discussione delle affiliazioni accademiche di Rossi (di cui a un certo punto si è deto che non fosse un'accademica, nonostante il suo CV e addirittura i suoi certificati di laurea, abilitazione, titularprofessur siano da anni disponibili pubblicamente nel suo sito www.carlarossi.info), un'interpretazione strategicamente distorta di prassi bibliografiche standard e l'insinuazione che iniziative open access costituissero una forma di inganno da parte di Rossi e del suo centro. Documenti pubblici e verificabili – come la registrazione ufficiale della Fondazione Receptio in Svizzera (https://www.fundraiso.ch/it/organisations/fondazione-internazionale-receptio) o gli incarichi d'insegnamento della Prof.ssa Rossi – sono stati sistematicamente ignorati a favore di accuse fittizie, spesso diffuse in forma anonima e senza alcuna attribuzione responsabile.
Queste affermazioni, invece di essere smentite o rigettate, sono state riprese e rilanciate sui social media da soggetti che avevano un interesse diretto nella delegittimazione di Rossi: non solo attori commerciali implicati nello

smembramento di manoscritti, ma anche studiosi inseriti in strutture accademiche con funzioni di controllo. La loro complicità si è manifestata in molteplici forme: dall'adesione pubblica ai contenuti diffamatori al discredito del progetto di salvaguardia del patrimonio culturale di Receptio .

Il paradosso risiede nel fatto che l'impatto della campagna non si è limitato alle piattaforme digitali, ma si è esteso all'ecosistema accademico. Istituzioni che avevano precedentemente collaborato con Receptio si sono dissociate senza fornire motivazioni ufficiali. Questo allineamento silenzioso alla calunnia è risultato, in molti casi, più dannoso della calunnia stessa.

Se la biblioclastia consiste nella mutilazione fisica dei codici a fini di lucro, il meccanismo qui descritto costituisce una forma di smembramento reputazionale: un'operazione simbolica di lacerazione della credibilità professionale di una studiosa, volta a neutralizzare la portata delle sue scoperte, ma soprattutto delle sue denuncie. Così come i singoli fogli vengono sottratti al loro contesto e venduti come oggetti isolati, allo stesso modo elementi della biografia, della ricerca e delle affiliazioni di Rossi sono stati decontestualizzati e strumentalizzati contro di lei.

Tuttavia, la campagna non è riuscita a cancellare le prove.

Al contrario, proprio il tentativo di occultamento ha rivelato l'entità degli interessi in gioco. Dopo i primi attacchi, la documentazione resa pubblica dal centro di ricerca si è moltiplicata: l'articolo su *AboutArt* (20 dicembre 2022), la cronologia pubblicata da OProM e i volumi accademici usciti tra il 2023 e il 2025 hanno fornito un quadro organico dei meccanismi sociali e istituzionali che hanno reso possibile il "Receptiogate".
Ne è emerso, dunque, non un semplice caso di diffamazione personale, ma un fenomeno più ampio: la convergenza di interessi economici, collusione istituzionale nel tentativo di sopprimere una ricerca scomoda.

Il caso Receptio dimostra come i confini della legittimità scientifica non siano più stabiliti unicamente attraverso i consueti meccanismi della peer review, ma siano sempre più condizionati da dinamiche reputazionali informali, tramite i "social", in cui visibilità, relazioni personali e silenzi strategici diventano strumenti di controllo del discorso accademico.
Un ulteriore esempio della normalizzazione dello smembramento dei manoscritti attraverso il linguaggio istituzionale è rappresentato da alcune piattaforme digitali che, pur dichiarando di operare per la

salvaguardia del patrimonio librario medievale, adottano terminologie e criteri classificatori che finiscono per occultare la violenza dell'escissione. Tra queste si distingue il progetto svizzero *Fragmentarium*, presentato come laboratorio internazionale di ricerca digitale sui "frammenti" di manoscritti medievali e noto per offrire immagini ad alta risoluzione corredate da metadati di taglio accademico.

Tuttavia, l'impianto stesso della piattaforma — costruito intorno alla nozione di "frammento" intesa in senso apparentemente neutro o persino positivo — contribuisce a cancellare, sul piano conoscitivo, l'agency distruttiva sottesa a molte delle operazioni di smembramento. Il termine "frammento", in senso proprio, come Rossi sottolinea, designa infatti ciò che resta in seguito a danni accidentali, a eventi traumatici o a riusi d'archivio. Eppure, molti dei fogli catalogati in *Fragmentarium* non derivano da tali contingenze, bensì da escissioni recenti e deliberatamente operate per fini di lucro. Ricondurre sotto una medesima etichetta tanto i lacerti superstiti di codici danneggiati quanto i fogli recisi intenzionalmente e venduti singolarmente equivale a confondere fenomeni di natura radicalmente diversa: la perdita e la sottrazione, l'accidente e il gesto volontario, la sopravvivenza e lo smembramento sistematico.

Inoltre, la presunta neutralità istituzionale di iniziative di questo tipo — sostenuta da biblioteche, università e agenzie di finanziamento — rende difficile mettere in discussione il quadro etico che sorregge le loro tassonomie. L'omissione sistematica di dati sulla provenienza, l'uso di espressioni eufemistiche come "ritagli" (*cuttings*) o "fogli dispersi", e la mancanza di una condanna esplicita delle pratiche di smembramento indicano una complicità inquietante tra l'utilità accademica e le logiche del mercato.
Non si tratta di mettere in discussione la funzionalità tecnica delle piattaforme digitali, bensì di interrogare criticamente i quadri discorsivi ed etici che esse adottano. Questo distacco epistemologico non è accidentale: è inscritto strutturalmente nei criteri di classificazione, negli schemi di metadati, nei filtri di ricerca e nelle descrizioni istituzionali che omettono sistematicamente provenienza, storia di mercato e circostanze dell'acquisizione.

Quando una piattaforma cataloga fogli escissi senza nominare esplicitamente l'atto stesso dell'escissione, non si limita a organizzare l'informazione: contribuisce attivamente alla costruzione di una cultura della biblioclastia. E quando tale piattaforma è finanziata da istituzioni europee di rilievo, integrata nei programmi di Digital Humanities e promossa come modello di eccellenza negli studi sui manoscritti, questo silenzio non appare soltanto complice, ma sistemico.

Fragmentarium e il controllo accademico

Il caso ReceptioGate non costituisce solo un episodio di diffamazione e tentativo di distruzione reputazionale. Esso rappresenta anche un caso esemplare di *academic gatekeeping*, ovvero di controllo dell'accesso alla legittimità accademica, in cui visibilità, riconoscimento e possibilità di parola non sono regolati esclusivamente dal merito scientifico, ma da alleanze informali, silenzi strategici e interessi in linea con le logiche del mercato.

Il ruolo di Fragmentarium

Fragmentarium, piattaforma digitale con sede in Svizzera, finanziata dal Fondo Nazionale Svizzero per la Ricerca Scienficia, e dedicata allo studio e alla descrizione di fogli manoscritti medievali, si presenta come un'impresa collaborativa e scientificamente fondata. Tuttavia, il lessico su cui si fonda—centrato sul termine neutro "frammento"—occulta la violenza commerciale all'origine dello smembramento degli stessi codici che la piattaforma cataloga. Ancor più preoccupante è il coinvolgimento diretto, o il silenzio complice, di alcune figure legate al progetto nel caso ReceptioGate, che solleva interrogativi sostanziali circa la neutralità accademica, la coerenza etica e la responsabilità istituzionale.

Tra le persone affiliate o vicine a Fragmentarium che hanno contribuito a screditare la prof.ssa Carla Rossi e le sue ricerche, sono stati documentati diversi comportamenti rilevanti:

- **Lisa Fagin Davis**, nota soprattutto per i suoi continui tentativi di decifrare il manoscritto Voynich — un falso storico la cui dubbia autenticità è eguagliata solo dall'insistenza con cui ambienti para-accademici continuino a tentare di decrittarlo — e presenza costante nel circuito statunitense degli studi sui fogli escissi da manoscritti, ha pubblicamente messo in discussione lo statuto istituzionale di RECEPTIO, pur intrattenendo contemporaneamente rapporti con mercanti di manoscritti e promuovendo lo studio di fogli escissi senza mai affrontare la questione della loro provenienza. Fagin Davis ha svolto un ruolo attivo nella diffusione online di contenuti diffamatori contro Rossi, amplificandone la portata attraverso post e condivisioni sul proprio account personale su X (già Twitter, ora ovviamente cancellato), in relazione a blog e contenuti redatti da soggetti con interessi diretti nel mercato dei manoscritti. Tale attività è rimasta visibile per quasi due anni; solo dopo l'avvio di procedimenti legali per diffamazione in diverse giurisdizioni Fagin Davis ha deciso di eliminare il proprio account, gesto che appare indicativo di una consapevolezza circa la propria possibile responsabilità.

Anche altri studiosi affiliati o sostenuti economicamente da Fragmentarium (come la *ricercatrice indipendente* Marina Bernasconi Reusser) hanno partecipato attivamente all'amplificazione online di narrazioni diffamatorie. Ciò è avvenuto tramite retweet, apprezzamenti (*like*) e rilanci di contenuti provenienti da blog apertamente ostili alla prof.ssa Rossi, nonostante l'assenza di fondamento fattuale e qualsiasi valutazione accademica sottoposta a revisione tra pari.

• La direzione di Fragmentarium, pur essendo stata informata delle continue molestie e pur esistendo una chiara convergenza tra la missione del centro RECEPTIO e quella della piattaforma, ha scelto di mantenere il silenzio. Non è stato compiuto alcun tentativo di riconoscere il lavoro pionieristico svolto da Rossi nella ricostruzione digitale dei manoscritti smembrati—un metodo peraltro pubblicamente deriso da Lisa Fagin Davis, nonostante la sua documentata incapacità di ricostruire anche solo un fascicolo coerente a partire da un foglio escisso, in parte a causa della sua limitata competenza in latino. Davis, che ha mantenuto stretti rapporti con commercianti di manoscritti e ha più volte rilanciato contenuti diffamatori contro Rossi, si è spinta fino a inviarle un messaggio privato dichiarando che "non avrebbe mai più lavorato nel campo dei manoscritti". Quest'affermazione (sulla scia di quella già formulata da G. F., il docente in pensione dell'Università di Zurigo), è risultata non solo eticamente riprovevole, ma anche palesemente errata: negli anni successivi, infatti, Rossi è stata incaricata di nuove responsabilità accademiche e editoriali proprio in virtù della sua competenza nella ricostruzione di codici smembrati. Con il suo rifiuto di prendere le distanze da tali comportamenti e di affermare la legittimità scientifica di un'iniziativa come RECEPTIO — la cui attività è in perfetta continuità con gli obiettivi dichiarati della piattaforma — Fragmentarium ha finito per rafforzare attivamente la logica di esclusione propria del *gatekeeping* accademico.

Meccanismi di gatekeeping nella comunità accademica

l caso di Fragmentarium è emblematico di dinamiche sistemiche più ampie. Attraverso istituzioni, società accademiche e riviste scientifiche, il ReceptioGate ha messo in luce la facilità con cui la diffamazione può essere consolidata e il dissenso marginalizzato attraverso modalità informali e prive di responsabilità:

- Le società accademiche non sono intervenute quando le proprie mailing list sono state utilizzate per diffondere email diffamatorie inviate sotto falsa identità (come vedremo tra breve).
- Inviti a convegni organizzati da Receptio e progetti editoriali collaborativi sono stati ritirati da alcuni (che si sono spaventati della violenza della campagna di odio contro Rossi) dopo la comparsa online di materiali diffamatori.

Questi non sono episodi isolati, né semplici divergenze professionali. Riflettono piuttosto una reticenza istituzionale ad affrontare le strutture commerciali, reputazionali e disciplinari che traggono beneficio dalla disgregazione e mercificazione del patrimonio culturale.

Blog, branding e biblioclastia: il caso di Peter Kidd

Uno degli esempi più evidenti di come la visibilità digitale sia stata impiegata per occultare lo smantellamento del patrimonio culturale, è rappresentato dal blog *Medieval Manuscripts Provenance*, gestito da Peter Kidd sotto lo pseudonimo *mssprovenance*. Sebbene da alcuni percepito come uno strumento specialistico per la tracciabilità della provenienza dei manoscritti, il blog ha in realtà assolto a molteplici funzioni: autopromozione, legittimazione commerciale dello smembramento di manoscritti e, più recentemente, diffamazione reputazionale.

Autopromozione del blogger

Lungi dall'essere una risorsa accademica neutrale, *Medieval Manuscripts Provenance* ha operato per oltre un decennio come strumento paracommerciale. Kidd vi pubblicava (ad oggi, luglio 2025, il blog risulta inattivo da oltre un anno) post brevi accompagnati da foto, descrivendo singoli fogli in vendita presso varie case d'asta con cui di volta in volta collaborava, provenienti da manoscritti smembrati — descrizioni che venivano poi riprese, spesso letteralmente, nei cataloghi di case d'asta.

Il linguaggio utilizzato non condannava mai lo smembramento, al contrario. Questo processo serviva tanto ai commercianti quanto ai collezionisti, conferendo un presunto valore scientifico ai singoli fogli escissi.

Il caso più emblematico è quello del *Libro d'Ore di Louis de Roucy* (precedentemente noto come *Courtanvaux-Elmhirst Hours*), smembrato a partire dal 2009 da Peter Kiefer di Pforzheim e venduto foglio per foglio tramite Hartung & Hartung, Sotheby's e altre piattaforme e ricostruito digitalmente da Rossi che ne ha tracciato anche i momenti e i protagonisti della distruzione. Kidd ha partecipato attivamente a questo processo, sia pubblicando contenuti sul blog, sia redigendo descrizioni per i cataloghi che hanno facilitato la vendita dei singoli fogli. Come dimostrato nel volume *The Book of Hours of Louis de Roucy* (Rossi 2023, 2ª ed.), questo doppio ruolo — di sedicente "ricercatore" e al contempo di consulente per la vendita — rivela un chiaro conflitto d'interessi.

Il passaggio alla diffamazione

Come anticipato a inizio di questo volume nella cronologia degli eventi, intorno al dicembre 2022, poco dopo che la professoressa Carla Rossi aveva depositato una denuncia formale presso il Comando Carabinieri

Tutela Patrimonio Culturale, segnalando lo smembramento illecito di manoscritti, tutto è cambiato nel blog di Kidd, che ha pubblicato in rapida successione oltre venti post, prendendo di mira Rossi, il centro RECEPTIO, le sue pubblicazioni, i suoi collaboratori e persino il suo legale. Questi interventi non contenevano alcuna analisi scientifica, nessun confronto con le argomentazioni esposte da Rossi, né riferimenti a documentazione primaria. Si basavano invece su insinuazioni, attacchi ad personam e omissioni selettive—tattiche tipiche delle campagne di sabotaggio reputazionale.

Il silenzio del blog screditato nel 2025

Ad oggi, dal marzo del 2024, il blog di Kidd non ha più pubblicato contenuti. L'unico post aggiunto nei dodici mesi successivi agli attacchi legati al ReceptioGate è stato un reclamo contro la rimozione da parte di Google dei materiali diffamatori da lui stesso pubblicati (6 marzo 2024). Al 2 maggio 2025, *Medieval Manuscripts Provenance* risulta di fatto inattivo—un silenzio che costituisce una tacita ammissione di fallimento reputazionale.

La difesa del mercato dei fogli escissi: Lisa Fagin Davis e la normalizzazione pubblica della biblioclastia

In un tweet successivamente rimosso, datato 10 marzo, Lisa Fagin Davis—direttrice esecutiva della *Medieval Academy of America*—ha difeso pubblicamente le azioni di Kidd, affermando:

"Per quanto ne so, smembrare e vendere non è illegale da nessuna parte."

Questo tweet rappresenta un esempio lampante della normalizzazione dello smembramento di manoscritti all'interno di certi ambienti accademici. Davis non solo minimizza le implicazioni etiche e giuridiche della distruzione di codici, ma ignora anche l'ormai ampia produzione scientifica—tra cui lo studio di Rossi *Biblioclasm for Profit*, edito nella *Harvard Art Law Review* (2025)—che dimostra come queste pratiche violino varie leggi sulla tutela del patrimonio culturale, soprattutto quando la provenienza e il valore nazionale dell'opera sono documentabili.

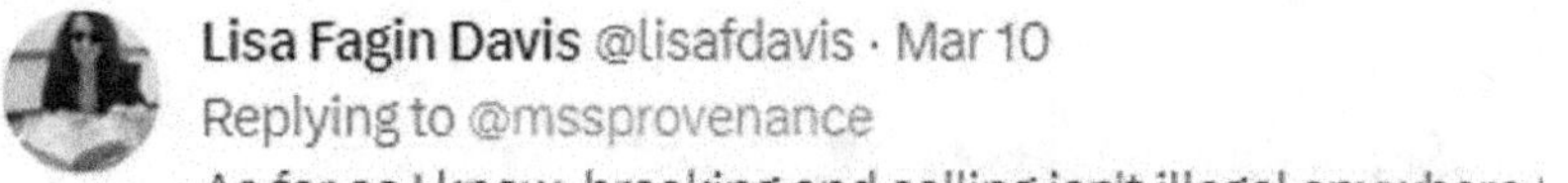

In this tweet, Lisa Fagin Davis—Executive Director of the Medieval Academy of America—publicly defends Peter Kidd, asserting that dismantling a manuscript and selling its individual leaves is "not illegal." This claim, frequently repeated in manuscript trade circles, is explicitly refuted by Prof. Carla Rossi in her article Biblioclasm for Profit, forthcoming in the Harvard Art Law Journal (May 2025). There, Rossi demonstrates that such practices may indeed breach cultural heritage laws, particularly when manuscripts have identifiable provenance and national significance. It is worth noting that Lisa Fagin Davis has herself ***financially benefited from the aftermath of manuscript dismemberment****, directing publicly funded projects whose very existence depends on the prior destruction of codices. These initiatives, often promoted as academic contributions, raise serious concerns about conflicts of interest and the ethical implications of legitimising the fragmentation of cultural heritage.*

La diffamazione come parallelo dello smembramento dei manoscritti

L'alleanza tra Peter Kidd e Lisa Fagin Davis mostra chiaramente come piattaforme nate per lo studio dei manoscritti possano trasformarsi in strumenti di biblioclastia e di aggressione peronale verso chi si oppone a queste pratiche.

Non si tratta soltanto di un'emergenza per la comunità scientifica, ma di una vera e propria crisi etica. La comunità accademica non può più tollerare la coesistenza, al proprio interno, di una retorica sulla tutela del patrimonio culturale e di una aperta complicità con le logiche di mercato; né tantomeno l'uso strumentale della rete per intimidire o mettere a tacere chi ha il coraggio di denunciare verità scomode.

In un post rivelatore, Peter Kidd — usando il suo consueto pseudonimo @mssprovenance — ha difeso lo smembramento e la rivendita online di manoscritti con la seguente affermazione:

«Se (per esempio) un americano acquista legalmente un manoscritto a un'asta, lo smembra e ne vende i fogli su eBay (a compratori tra cui RECEPTIO), pare che nessuna legge sia stata infranta e non vi sia nulla di "illecito" in questo "traffico"».

Questa affermazione, formulata con un linguaggio volutamente disinvolto, racchiude una strategia retorica più ampia: presenta la distruzione deliberata e la mercificazione di beni culturali come una semplice questione di legalità formale.

La logica di Kidd riduce il patrimonio culturale a proprietà privata e la legalità alle pratiche procedurali delle case d'asta. Sorvola del tutto sugli obblighi sanciti dalle convenzioni UNESCO, dalle leggi nazionali in materia di beni culturali e dal dovere scientifico di proteggere, anziché sfruttare, manufatti di rilevanza storica. L'uso delle virgolette per il termine "traffico" rivela l'intento di banalizzare il concetto stesso di crimine contro il patrimonio culturale — e ciò avviene per di più nel tentativo paradossale di coinvolgere istituzioni come RECEPTIO, che hanno invece un curriculum pubblico di denunce documentate e ricostruzioni digitali.

L'implicazione sottintesa è che la legittimità di mercato coincida con la legittimità etica — una tesi sempre più insostenibile alla luce delle violazioni documentate nel commercio di manoscritti. Come dimostrano *Biblioclasm for Profit* (Rossi 2025) e altre pubblicazioni recenti, anche quando le vendite avvengono "legalmente", lo smembramento dei codici implica spesso conflitti d'interesse, violazioni delle volontà del donatore o manipolazioni occulte della provenienza.

Il fatto che una tale posizione venga pubblicamente difesa da una figura più volte ingaggiata da case d'asta e commercianti di manoscritti rafforza l'impressione che l'expertise venga qui messa al servizio dell'opacità commerciale, anziché della trasparenza scientifica.

Profitto, complicità e il costo dell'integrità

Il cosiddetto caso *ReceptioGate* rivela ben più della semplice anatomia di una campagna diffamatoria. Esso mette in luce un meccanismo stratificato e prolungato nel tempo, attraverso cui profitto, prestigio e controllo disciplinare si sono consolidati attorno alla distruzione del patrimonio culturale. Dimostra come la biblioclastia non sia soltanto un atto materiale, ma un sistema sociale — sostenuto dal silenzio, mascherato da attività accademica e normalizzato dalla ripetizione.

Al centro di questo sistema risiede una verità economica elementare: lo smembramento dei manoscritti è redditizio. L'esempio più emblematico è quello del *Libro d'Ore di Louis de Roucy* (precedentemente noto come *Courtanvaux-Elmhirst Hours*). Acquisito integro nel 2009 per circa 36.000 euro, il manoscritto è stato successivamente smembrato sistematicamente e venduto foglio per foglio sul mercato dell'arte nel corso del decennio seguente. Come documentato nella seconda edizione di *The Book of Hours of Louis de Roucy* (Rossi 2023), il valore complessivo ricavato dalla sua distruzione ha superato i 160.000 euro — un guadagno di oltre 120.000 euro, distribuito tra commercianti, intermediari e sedicenti esperti di provenienza.

Google Books:

https://www.google.ch/books/edition/The_Book_of_Hours_of_Louis_De_Roucy/oxDgEAAAQBAJ?hl=it&gbpv=1

Nel 2009, l'antiquario tedesco Peter Kiefer ha avviato lo smembramento sistematico del *Libro d'Ore di Louis de Roucy* — un manoscritto del XV secolo giunto a noi integro e riccamente miniato. Nel giro di pochi mesi, i primi fogli escissi sono apparsi in asta in Germania (Reiss & Sohn; Hartung & Hartung). Da quel momento è intervenuto un secondo soggetto: Peter Kidd, blogger e consulente indipendente. Sotto le sembianze di "documentatore" della provenienza tramite il suo blog *mssprovenance*, Kidd ha svolto in realtà un ruolo commerciale chiave nella distruzione del manoscritto.

Le prove pubblicate dalla Prof.ssa Carla Rossi (*Studj Romanzi* XVIII, 2022; *The Book of Hours of Louis de Roucy*, edizioni 2022–2023) mostrano che Kidd:

- Ha collaborato direttamente con Peter Kiefer, fungendo da intermediario per la vendita dei fogli miniati di particolare valore;
- Ha redatto le schede di catalogo d'asta per miniature vendute da Sotheby's;
- Ha promosso le vendite dei fogli sul proprio blog *mssprovenance*;

- Ha mantenuto contatti con collezionisti e case d'asta, facilitando il passaggio di fogli da collezioni private a piattaforme commerciali internazionali.
- Mentre Peter Kiefer ha materialmente smembrato il manoscritto, Peter Kidd ne ha fornito la narrazione, la visibilità e la veste pseudo-scientifica che hanno permesso ai fogli escissi di essere rivenduti nei circuiti di mercato come beni legittimi. Senza il coinvolgimento di Kidd, il valore culturale e commerciale dei singoli fogli sarebbe stato significativamente inferiore.

Il caso di Giovanni Mazzarelli: un precedente di occultamento e diffamazione

La campagna diffamatoria nota come ReceptioGate rappresenta una preoccupante estensione di una dinamica più ampia di comportamenti scorretti all'interno del mercato dei manoscritti, con Peter Kidd al centro di diverse controversie legali legate alla provenienza, alla distruzione e alla diffamazione nel campo della codicologia. Un precedente chiaro di queste pratiche non etiche è rappresentato dal caso di Giovanni Mazzarelli, un collezionista italiano la cui esperienza, all'inizio degli anni 2000, mette in luce il lato oscuro del mondo antiquario, dove patrimonio culturale,

reputazione personale e interessi commerciali si intrecciano pericolosamente.
Giovanni Mazzarelli, figura rispettata nella comunità internazionale, aveva acquistato un gruppo di codici miniati nel 1979 tramite una vendita privata presso Sotheby's a Londra. I manoscritti erano stati gestiti dalla casa d'aste dopo un presunto processo di verifica, con la provenienza tracciata a collezioni storicamente accreditate. All'inizio degli anni 2000, dopo oltre vent'anni di conservazione privata, Mazzarelli decise di rivendere i manoscritti per mutate esigenze finanziarie, rivolgendosi nuovamente a Sotheby's e richiedendone una stima.
Dopo aver inviato i manoscritti a Sotheby's, Mazzarelli si aspettava che la casa d'aste procedesse secondo le consuete procedure, che prevedevano un contratto formale di conferimento e una chiara definizione delle condizioni di vendita. Con suo grande stupore e disappunto, Peter Kidd, allora catalogatore presso Sotheby's, non seguì il protocollo standard. I manoscritti, che ben presto si rivelarono di provenienza illecita, ossia rubati in Italia negli anni Settanta, furono inseriti immediatamente in un catalogo d'asta senza il consenso di Mazzarelli né la formalizzazione di un mandato scritto. L'inserimento in catalogo fu scoperto da Mazzarelli solo

a pubblicazione avvenuta.

Quando Mazzarelli sollevò la questione con Sotheby's, fu inizialmente indirizzato a Peter Kidd. Tuttavia, le risposte di Kidd si rivelarono vaghe, elusive e per nulla risolutive. La sua mancanza di trasparenza aggravò la situazione, spingendo Mazzarelli a coinvolgere i propri legali in Italia. Nonostante ciò, anziché ricevere una proposta di soluzione soddisfacente, si trovò di fronte a un muro di silenzi e ad un ostruzionismo legale.

Al centro della controversia stava il fatto che Peter Kidd, lungi dall'essere un semplice redattore di schede, aveva assunto un ruolo attivo nella messa all'asta dei manoscritti. Esistono prove che dimostrano come Kidd fosse pienamente a conoscenza della provenienza illecita dei pezzi e avesse deliberatamente omesso dettagli rilevanti nei cataloghi d'asta. Malgrado la piena legittimità del possesso da parte di Mazzarelli, restava il problema della provenienza illecita e della vendita di quel lotto di manoscritti rubati da parte di Sotheby's negli anni Settanta. Mazzarelli venne così presentato non come un collezionista legittimo, ma come un soggetto coinvolto nel furto dei manoscritti e in traffici illeciti.

Negli anni successivi, questa narrazione — manipolata e fatta circolare da figure interne al commercio di manoscritti — presentò Giovanni Mazzarelli come un criminale. Solo dopo 11 anni di costosa battaglia legale, Mazzarelli riuscì a dimostrare la complicità di Sotheby's nella ricettazione del materiale rubato in Italia.

I parallelismi tra il caso Mazzarelli e l'affaire ReceptioGate risultano inequivocabili. In entrambi emerge con chiarezza un abuso sistematico di potere all'interno del mercato antiquario, in cui il valore culturale dei manoscritti viene subordinato agli interessi economici e personali di pochi soggetti legati al commercio librario. Il caso Mazzarelli anticipa, in forma meno eclatante ma già sintomatica, le dinamiche più ampie e aggressive che si manifesteranno poi nello "scandalo Receptio". In tutte e due le vicende, al furto o aééa distruzione del patrimonio culturale si accompagna una deliberata azione di screditamento reputazionale nei confronti di chi, pur agendo nella legalità, diviene bersaglio di accuse infondate. Pur con le dovute differenze — Giovanni Mazzarelli era un collezionista privato e facoltoso, mentre la prof.ssa Rossi è una studiosa impegnata nella tutela del patrimonio — entrambe le figure si trovano a incarnare le vittime di un sistema in cui il profitto ha prevalso sulla verità, e la diffamazione è divenuta uno strumento funzionale al consolidamento di interessi assai opachi.

Ho lavorato presso la Sotheby's di Londra dal febbraio 1998 al 28.09.2001 svolgendo presso quella casa d'aste le mansioni d'esperto d'arte anche ai fini della valutazione dei beni e delle consulenze ai clienti; valutazioni che poi dovevano essere confermate dai vari direttori dei singoli reparti di competenza. All'incirca nell'agosto del 2000 venni contattato dal Sig. MAZZARELLI Giovanni e dal nipote Giuseppe con la richiesta di effettuare una valutazione su una serie di beni di loro proprietà che effettivamente mi furono portati dai medesimi MAZZARELLI tramite vettore Vulcan in casse sigillate. Nel giro di un paio di settimane svolsi il mio compito aprendo le casse sigillate e controllando e valutando i singoli beni, sempre previa conferma di tali valutazioni da parte dei funzionari competente che ho sopra indicato. Conclusa l'opera ricontattai il MAZZARELLI ci incontrammo di nuovo il 9 di settembre 2000 dove a seguito della mia consulenza MAZZARELLI Giovanni decise di stipulare il contratto della Sotheby's per la vendita all'asta di tutti i beni. Vennero stabiliti e determinate date di asta per singoli lotti di beni e, per ciò che concerne i manoscritti dei quali mi è stata chiesta notizia venne fissata la data del 5.12.2000. Tali decisioni venero prese in particolare dal funzionario della Sotheby's competente a prendere tali decisioni per il settore

IL SOST. PROCURATORE
della RE...
(dr. Luigi ...)

Pag. 1/5

Dichiarazione Dott. Marani

dei manoscritti che si chiama Peter KIDD. Preciso che almeno un mese prima della data fissata per l'asta vene pubblicato un catalogo ufficiale concernente proprio i beni che verranno offerti al pubblico incanto. Con somma sorpresa sia io sia prima ancora il MAZZARELLI cui inviai il catalogo per l'asta del 5.12.2000 ci accorgemmo che in esso non erano compresi i manoscritti che dovevano far parte di quella vendita. A seguito di ciò chiesi spiegazioni, come richiestimi dal MAZZARELLI prima a Peter KIDD quindi, su sua indicazione ai legali della casa d'aste e costoro mi risposero in un primo momento che stavano facendo le indagini più approfondite per redigere una scheda di presentazione di quei beni più sostanziosa; quindi in un secondo momento, sempre a seguito delle sollecitazioni del MAZZARELLI mi riferirono che vi era la possibilità che quei manoscritti erano provento di furto. Poiché il MAZZARELLI aveva stipulato un contratto a trattativa privata con la Sotheby's io feci presente ai legali che forse era il caso di avvisare il MAZZARELLI in ordine a tale possibilità atteso la sua qualità di acquirente in buona fede ma loro mi risposero che non erano tenuti a farlo. Faccio presente che ritengo Peter KIDD sapesse da tempo la provenienza illecita dei manoscritti sia perché notai il comportamento tenuto dallo stesso quando vide i manoscritti per confermare la mia valutazione sia soprattutto perché lui stesso poco dopo mi disse che circa 10 anni prima vi era stata una mostra con esposizione di un altro manoscritto dello stesso tipo di quello del MAZZARELLI proveniente sempre dalla Chiesa di San Nicola di Bari, con l'espressa nota evidenziata nel corso della mostra che l'altro volume, cioè quello del MAZZARELLI, non poteva essere mostrato in quanto trafugato dalla Chiesa di San Nicola di Bari. Ritengo anche che il Sig. Christopher de Hamel, che nel gennaio 1979 effettuò la valutazione originaria dei manoscritti per conto della Sotheby's, fosse già a conoscenza della provenienza delittuosa degli stessi in quanto, essendo egli un luminare di rango mondiale nel settore non poteva certo ignorare tale circostanza. Faccio altresì presente che proprio tra il novembre 2000 ed il gennaio 2001 l'ufficio legale della Sotheby's in persona di un'avvocatessa americana che ora è tornata a Washington, incaricò il funzionario italiano tale Filippo LOTTI di Milano, di compiere accertamenti in ordine ai manoscritti provento di furto ma è significativo che al LOTTI venero fornite indicazioni precisissime circa le biblioteche dalle quali quei beni erano stati trafugati. Dopo circa 10 giorni il LOTTI di San Nicola di Bari. Ritengo anche che il Sig. Christopher de Hamel, che nel gennaio 1979 effettuò la valutazione originaria dei manoscritti per conto della Sotheby's, fosse già a conoscenza della provenienza delittuosa degli stessi in quanto, essendo egli un luminare di rango mondiale nel settore non poteva certo ignorare tale circostanza. Faccio altresì presente che proprio tra il novembre 2000 ed il gennaio 2001 l'ufficio legale della Sotheby's in persona di un'avvocatessa americana che ora è tornata a Washington, incaricò il funzionario italiano tale Filippo LOTTI di Milano, di compiere accertamenti in ordine ai manoscritti provento di furto ma è significativo che al LOTTI venero fornite indicazioni precisissime circa le biblioteche dalle quali quei beni erano stati trafugati. Dopo circa 10 giorni il LOTTI fece giungere alla Sotheby's, sempre tramite l'ufficio l'esito formale dei suoi accertamenti con la conferma ufficiale che quei manoscritti erano stati rubati agli inizi degli anni '70. A quel punto lo stesso ufficio legale mi contattò e di fronte ai legali fui inviato a chiamare telefonicamente il MAZZARELLI e a renderlo formalmente partecipe che i manoscritti che intendeva mettere all'asta erano provento di furto. A seguito di ciò venne organizzato a Londra un incontro che si svolse il 28.03.2001 al quale furono presenti oltre me ed il MAZZARELLI, l'avvocato ALLEVA, l'avvocato HENRIETTA Van ma non ricordo il conino, PALASCIANO, la sig.ra Natascia CHIARAMONTE della Sotheby's. In quella circostanza il PALASCIANO ricostruii la vicenda dei manoscritti e al MAZZARELLI venne

IL SOST. PROCURATORE
della R...
(dr. Luigi Orfanzi) Pag. 2/5

Dichiarazione Dott. Marani

3

rifiutata ogni richiesta di risarcimento. Dopo tale incontro non ho più saputo nulla della vicenda.

Il Verbale viene chiuso alle ore 17.30.

Letto confermato e sottoscritto

Il Sost.Procuratore della Repubblica
Dr. Luigi Orfenzi

Immagini della dichiarazione rilasciata dal Dott. Marani, esperto e già collaboratore di Sotheby's Londra (1998–2001), relativa al caso dei manoscritti di Giovanni Mazzarelli.

In questa dichiarazione legale firmata, il Dott. Marani conferma che Giovanni Mazzarelli si rivolse legittimamente a Sotheby's nel

2000 per ottenere una valutazione professionale di un gruppo di manoscritti miniati da lui acquistati tramite trattativa privata con Sotheby's nel 1979. Dopo aver esaminato il materiale e aver predisposto il catalogo ufficiale per l'asta programmata (5 dicembre 2000), Sotheby's ricevette improvvisamente un avvertimento che metteva in dubbio la provenienza dei manoscritti — avvertimento che, secondo quanto dichiarato, sarebbe stato sollecitato da Peter Kidd, all'epoca figura esterna e collaboratore a contratto, senza alcun ruolo formale presso Sotheby's. Il Dott. Marani afferma che Kidd era da tempo a conoscenza della provenienza illecita dei manoscritti e potrebbe aver agito deliberatamente per screditarne la vendita dopo aver taciuto per anni. La dichiarazione chiama inoltre in causa alcuni membri chiave dello staff di Sotheby's, tra cui Christopher de Hamel, che aveva valutato i manoscritti già nel 1979, e segnala che il rappresentante italiano della casa d'aste, Filippo Lotti, avrebbe successivamente confermato — tramite indagini indipendenti — che i manoscritti erano effettivamente stati rubati negli anni '70.
La testimonianza si conclude con il resoconto di un incontro finale tenutosi a Londra il 28 marzo 2001, durante il quale venne ricostruito l'intero contesto dell'affare alla presenza di rappresentanti legali e funzionari di Sotheby's.

Dichiarazione pubblica di Giovanni Mazzarelli in merito ai manoscritti acquistati in buona fede da Sotheby's nel 1979 e successivamente restituiti allo Stato italiano e all'Arcidiocesi di Trani

In questa dichiarazione articolata, Giovanni Mazzarelli

difende l'acquisto in buona fede di un gruppo di manoscritti miniati, acquistati direttamente da Sotheby's Londra nel settembre 1979 tramite una trattativa privata.
Il testo ricostruisce in modo dettagliato la cronologia degli eventi, supportata da documentazione legale, tra cui la perizia firmata da Christopher de Hamel, la richiesta del 2000 a Sotheby's di una nuova valutazione e l'intervento inaspettato di Peter Kidd, il quale — pur non avendo preso parte alla transazione originaria — ostacolò l'asta adducendo la necessità di ulteriori verifiche sulla provenienza.
Mazzarelli spiega come, dopo il blocco della vendita da parte di Sotheby's e la successiva negazione da parte della casa d'aste di aver ceduto i manoscritti, egli abbia collaborato volontariamente con le autorità italiane e britanniche, tra cui Scotland Yard e le Procure della Repubblica di Fermo e di Bari. L'Alta Corte di Londra ha infine confermato che Sotheby's aveva effettivamente venduto i manoscritti a Mazzarelli, che nel 2011 li ha formalmente restituiti alle autorità italiane. Il collezionista sottolinea la piena collaborazione prestata nel corso delle indagini e il riconoscimento ricevuto dalle istituzioni statali ed ecclesiastiche per la trasparenza dimostrata.
Testo integrale disponibile su:

https://mazzarelligiovanni.jimdofree.com/resume-english/

Estratto dalla dichiarazione: *"I manoscritti che acquistai in buona fede da Sotheby's nel settembre del 1979 furono successivamente restituiti allo Stato italiano e all'Arcidiocesi di Trani. In merito a questa vicenda, sono stati pubblicati numerosi articoli di stampa — sicuramente in buona fede — che però non rispecchiano la verità dei fatti. Un articolo indecente, chiaramente non redatto in buona fede, contenente affermazioni insensate e gravemente diffamatorie, è tuttora disponibile tramite Google e non è stato rimosso. A difesa della mia immagine e per rendere pubblica la verità, accertata nel corso del procedimento davanti alla High Court di Londra e nelle indagini penali condotte in Italia, redigo questo riassunto e rendo pubblici alcuni documenti fondamentali."*

Mazzarelli chiarisce di aver conosciuto l'ex proprietario dei manoscritti nel 1979 tramite un amico comune, il quale gli propose l'acquisto per conto di Sotheby's. I manoscritti si trovavano nei locali di Sotheby's almeno dal 18 giugno 1974, data della prima perizia redatta dall'esperto Dr. Robinson. Nel 1979, Sotheby's aveva dato i manoscritti in garanzia alla Swiss Bank Corporation (SBC) per un prestito concesso all'ex proprietario, che non rimborsò il debito. Sotheby's, che aveva depositato i manoscritti presso la SBC come propria proprietà, aveva pertanto pieno diritto di venderli. La vendita avvenne in forma privata, sulla base di una valutazione effettuata da Christopher de Hamel in data 17 gennaio 1979. Mazzarelli dichiara di essersi affidato alla reputazione di Sotheby's e alla due diligence effettuata dalla casa d'aste e dalla stessa banca svizzera, ritenendo assolutamente legittima la provenienza delle opere.

Nel mese di agosto del 2000 – continua Mazzarelli - contattai Sotheby's per ottenere una valutazione dei manoscritti, necessaria per le procedure di esportazione. Il mio consulente personale mi convinse a metterli all'asta, poiché in quel periodo i prezzi di mercato erano molto favorevoli. I manoscritti furono offerti all'asta di Sotheby's del 5 dicembre 2000. Il dott. Peter Kidd, esperto di manoscritti, decise di rinviarne la vendita a un'asta successiva per effettuare ulteriori verifiche. Il 16 febbraio 2001, il consulente di Sotheby's mi telefonò per informarmi che alcuni dei manoscritti erano di origine furtiva. Il 30 marzo 2001, durante un incontro, chiesi al dipartimento legale di Sotheby's un risarcimento per poter restituire i manoscritti allo Stato italiano. Sotheby's, negando di avermeli venduti, rifiutò la mia proposta e bloccò i manoscritti con il pretesto che le biblioteche italiane ne avevano richiesto la restituzione.
La Procura della Repubblica di Fermo, informata dei fatti, tramite rogatoria chiese assistenza alle autorità giudiziarie del Regno Unito. Di mia iniziativa, informai per iscritto i Carabinieri e le biblioteche da cui provenivano i manoscritti, allegando i documenti in mio possesso, che ero il destinatario e legittimo

proprietario dei manoscritti, acquistati in buona fede a Londra nel settembre 1979. Il 7 giugno 2002 mi presentai spontaneamente ai Carabinieri e al pubblico ministero aggiunto della Procura di Fermo, dott. Ortensi. Collaborai attivamente alle indagini in qualità di persona informata sui fatti, rilasciando dichiarazioni supportate da documentazione. Ribadii che, in base alla legge, ero il legittimo proprietario dei manoscritti e che ero pronto a restituirli qualora Sotheby's mi avesse risarcito i danni. A seguito di una nota di servizio di Scotland Yard, in cui si affermava che "riteniamo che si tratti di una questione civile. Nessuna violazione penale è stata commessa nella nostra giurisdizione", il 22 aprile 2005, su richiesta del dott. Ortensi, il procedimento penale venne archiviato.

L'11 agosto 2008, Sotheby's — che ha sempre negato, anche in documenti ufficiali, di avermi venduto i manoscritti — agendo come parte terza, ha avviato una causa presso l'Alta Corte di Londra affinché quest'ultima determinasse a chi dovessero essere assegnati i manoscritti. Nel corso del procedimento, la legge imponeva a tutte le parti di esibire tutti i documenti in loro possesso. I documenti forniti da Sotheby's dimostrano in modo inequivocabile che essa mi ha effettivamente venduto i manoscritti e che io li ho acquistati in buona fede. Dopo aver esaminato tali documenti, il Vice Avvocato Generale dello Stato, avv. Maurizio Fiorilli, e l'avv. Giuseppe Tempesta per l'Arcidiocesi di Trani, hanno rinunciato a ogni azione legale nei miei confronti e hanno invece avviato un'azione legale contro Sotheby's. Il 12 gennaio 2011, con l'approvazione dell'Alta Corte, Sotheby's mi ha restituito i manoscritti, che ho successivamente depositato presso il deposito sicuro Christie's Fortress.

Il 12 maggio 2011 sono stato ascoltato come persona informata sui fatti dal Procuratore Aggiunto dott. Drago e dal Pubblico Ministero dott.ssa Isabella Ginefra della Procura della Repubblica di Bari, che stava conducendo un procedimento penale contro i responsabili delle azioni criminali relative all'esportazione illecita dei manoscritti e ad altri reati. La mia collaborazione è stata molto apprezzata e ha contribuito alla risoluzione della controversia tra lo Stato italiano e l'Arcidiocesi di Trani nei confronti di Sotheby's. Le condizioni dell'accordo sono descritte nella lettera ricevuta dal dott. Fallace del Ministero per i Beni e le Attività Culturali, nella quale mi si ringrazia ufficialmente per la mia collaborazione.

Al termine di questa vicenda, consegnai personalmente i manoscritti al Vice Avvocato Generale dello Stato, avv. Maurizio Fiorilli, e all'avv. Giuseppe Tempesta presso il deposito protetto di Christie's Fortress. Furono loro stessi a incaricare una ditta specializzata per il trasporto dei volumi all'Ambasciata d'Italia a Londra. Gli ufficiali della Guardia di Finanza provvidero quindi al trasferimento dei manoscritti alla Procura della Repubblica di Bari, dove era in corso il procedimento penale. La Procura restituì senza indugio il Messale all'Arcidiocesi di Trani, il Trattato sui cavalli e il Libro d'Ore alla Biblioteca Statale Oratoriana dei Girolamini di Napoli.

Ogni notizia pubblicata che non rifletta gli atti e i documenti depositati presso la Procura di Bari, gli atti della causa dinanzi alla High Court di Londra – in possesso di tutte le parti coinvolte nel procedimento – e i fatti da me sopra descritti, è da considerarsi priva di fondamento.

Elenco dei documenti che rendo qui pubblici:

1. Dichiarazione del Vice Avvocato Generale dello Stato, avv.

Maurizio Fiorilli, del 26.01.2011.

2. Il mio discorso pronunciato nella Cattedrale di Trani il 20 ottobre 2011, in occasione della celebrazione della Diocesi e della presentazione del Messale del XIV secolo, trafugato e successivamente recuperato.
3. Fotografia del riconoscimento conferitomi personalmente dall'Arcivescovo Mons. Giovan Battista Pichierri nella Cattedrale di Trani durante la suddetta occasione.
4. Lettera del dott. Fallace – Direttore Generale della Direzione Generale Biblioteche, Istituti Culturali e Diritto d'Autore del Ministero per i Beni e le Attività Culturali.
5. Articolo de «La Repubblica» del 17 settembre 2011.

Con osservanza,
Giovanni Mazzarelli

Kidd chiede aiuto alla rete

Peter Kidd 9059 Original Poster Jan 5, 2023

I would like to avoid having a blogpost deleted

A blogpost I published at https://mssprovenance.blogspot.com/2022/12/the-receptio-rossi-affair-part-i-staff.html has been deleted (not by me).
If I contravened one of the rules of the Content Policy, I would like to know which ruled I broke, so that I can avoid doing it again in future.
How can I find out why my blogpost was deleted?

Details
Other, Desktop - Other, Chrome

Locked

This question is locked and replying has been disabled.

I have the same question (0) Subscribe

Community content may not be verified or up-to-date. Learn more.

Screenshot di un intervento pubblico di Peter Kidd (Google Support, 5 gennaio 2023), relativo alla rimozione di un post diffamatorio dal suo blog.

In questo messaggio, Peter Kidd esprime frustrazione per la cancellazione da parte di Google di uno dei suoi post intitolato "*The Receptio-Rossi Affair, Part I – Staff*", originariamente pubblicato su *mssprovenance.blogspot.com.* La rimozione è avvenuta in seguito a formali segnalazioni presentate dal centro RECEPTIO e da soggetti ad esso collegati diffamati nel post, poiché il contenuto del post conteneva affermazioni dimostrabilmente false e diffamatorie rivolte contro personale accademico. Kidd, privo di qualsiasi affiliazione istituzionale, ha pubblicato in quella sede una richiesta per sapere quale norma di Google avesse violato — un'ammissione implicita del fatto che la rimozione era stata effettuata direttamente dalla piattaforma.

Sebbene inizialmente cancellati da Google per violazione delle linee guida sui contenuti, molti dei post diffamatori sono stati in seguito ripristinati grazie a pressioni coordinate esercitate da Kidd e dalla sua rete online. Kidd ha successivamente vantato pubblicamente il successo nel far riapparire tquesti contenuti, proseguendo la sua campagna di attacchi mirati.

Un resoconto dettagliato di queste azioni è contenuto nel comunicato ufficiale dell'Organisation pour la Protection des Manuscrits Médiévaux (OProM), intitolato "*Peter Kidd Medieval Manuscripts Provenance (mssprovenance): false claims and misuse of OProM identity*" (2 maggio 2024), disponibile al seguente link: https://www.oprom.eu/post/peter-kidd-manuscripts-provenance-mssprovenance-false-claims-and-misuse-of-oprom-identity

Parte II – RECEPTIO: resilienza e continuità silenziosa

La Fondazione Internazionale RECEPTIO

Nel 2016 è stato fondato a Lugano, in Svizzera, il Centro di Ricerca sulla Tradizione Filologica Europea (RECEPTIO), su iniziativa di diversi studiosi. Il suo scopo era quello di promuovere la ricerca codicologica e filologica, con un'attenzione particolare alla ricostruzione digitale dei manoscritti miniati smembrati per fini commerciali. Il centro è rapidamente diventato un punto di riferimento per coloro che si occupano di denunciare e contrastare il mercato illecito dei fogli sciolti e delle miniature escisse dai codici a scopo di lucro.

Già nel 2019, le attività di RECEPTIO si erano ampliate al punto che si ritenne necessaria una nuova struttura giuridica. Su consiglio del Prof. Dr. h.c. Paolo Bernasconi — già procuratore pubblico del Canton Ticino e docente di diritto — il centro venne trasformato in una fondazione privata svizzera: la Fondazione Internazionale RECEPTIO. L'autorevole consulenza giuridica del Prof. Paolo Bernasconi, unita alla sua consolidata reputazione di esperto in diritto internazionale e finanziario, avrebbe dovuto escludere ogni possibile speculazione sull'assetto legale della Fondazione — anche se tali garanzie sono state deliberatamente ignorate da Peter Kidd e dai suoi sodali[1]. È stata presa in affitto una villa nel centro di Lugano (Villa Giambonini, Figg. 1–8) per ospitare la biblioteca di ricerca e accogliere studiosi internazionali. La sala di lettura, gli uffici e la collezione di ventimila volumi sono stati attivamente utilizzati fino alla fine del 2020, quando l'immobile ha cambiato proprietà e la fondazione è stata costretta a lasciare la sede[2].

Fig. 1. Fotografia dell'inaugurazione del centro di ricerca, situato presso Villa Giambonini, Viale Castagnola 27, 6900 Lugano, scattata il 4 ottobre 2019. Nell'immagine sono visibili la Prof.ssa Rossi, la Dott.ssa Francesca Ceci e gli studenti e dottorandi Marco Nava e Jonathan Schiesaro, presenti all'evento. Crediti: ISFiDa (www.isfida.eu). Nelle immagini successive sono documentati ulteriori momenti della giornata inaugurale e scorci della biblioteca ospitata presso Villa Giambonini.

4 ottobre 2019
Ore 18:00
Inaugurazione del centro
RECEPTIO

https://www.isfida.eu/galleria?pgid=k1ewnh12-eb4688b0-3730-4d80-a021-e7dd727ceee7

https://www.isfida.eu/galleria?pgid=k1ewnh12-30fd0935-4f01-4f7e-b97a-1851225ffe83

Nonostante l'inizio della pandemia di COVID-19 e le restrizioni da essa imposte al funzionamento delle istituzioni culturali in tutta Europa, il centro RECEPTIO ha continuato a operare (come testimoniano video https://www.youtube.com/@receptio e fotografie di vari momenti di studio organizzati dal centro, disponibili su www.isfida.eu e www.receptio.eu). Nel 2021, a fronte dell'impossibilità di mantenere la struttura fondazionale a causa dell'impatto economico della pandemia, l'organizzazione è tornata alla sua forma giuridica originaria di associazione culturale. Ha proseguito le attività con lo stesso nome, organizzando eventi, mantenendo attivo il proprio settore editoriale e il comitato scientifico. Una nuova sede è stata stabilita presso Casa La Rosa, dove le attività sono riprese con il sostegno della Société Internationale de Philologie.[3]

Nel dicembre del 2022 ha avuto inizio la campagna diffamatoria orchestrata da P. Kidd.

Nel 2023 è stata fondata a Parigi l'Organisation pour la Protection des Manuscrits Médiévaux (OProM), con l'obiettivo di sostenere la missione di RECEPTIO e di contrastare la campagna diffamatoria attraverso documentazione verificabile, azioni di sensibilizzazione pubblica e coordinamento giuridico internazionale. Oltre alle numerose lettere di sostegno pervenute dalla comunità accademica (disponibili al link:https://doi.org/10.5281/zenodo.15720513), sono stati avviati procedimenti legali in Italia, Svizzera e Regno Unito. Il Prof. Paolo Bernasconi, la cui lunga carriera giuridica è ampiamente documentata[4], è stato informato della campagna diffamatoria e, dopo aver esaminato le prove disponibili, ha ritenuto che non fosse necessaria alcuna replica formale alle accuse infondate e anonime dei social. A suo giudizio professionale, la documentazione oggettiva — comprendente lo status ufficiale del centro, le videoregistrazioni delle attività e l'ampio materiale d'archivio — dimostrava con chiarezza l'inconsistenza degli attacchi.

La resilienza del modello RECEPTIO — fondato sull'indipendenza della ricerca, sul rigore etico e sul rifiuto di ogni forma di sensazionalismo — costituisce oggi un raro esempio di resistenza all'aggressione reputazionale nell'era digitale. La campagna diffamatoria, ormai ampiamente riconosciuta come una costruzione artificiosa promossa da soggetti estranei al mondo accademico e mossi da interessi economici o personali, ha finito per rafforzare la reputazione istituzionale di RECEPTIO.

Note

[1] Si veda il profilo della Fondazione Internazionale RECEPTIO su Fundraiso: https://www.fundraiso.ch/it/organisations/fondazione-internazionale-receptio

[2] Altre immagini sono disponibili al link: https://www.receptio.eu/gallery

[3] Contratto d'affitto e altra documentazione su Casa La Rosa sono stati ottenuti dall'autore del saggio su richiesta esplicita al centro di ricerca.

[4] Profilo del Prof. Dr. h.c. Paolo Bernasconi: http://www.pblaw.ch/Prof-dr-hc-Paolo-Bernasconi.html

Articoli diffamatori pubblicati online

In contesto della diffamazione di Rossi e del centro di ricerca, un collaboratore del gruppo Tamedia, Andreas Tobler, ha pubblicato e diffuso ampiamente articoli identici tra loro, che includevano dati personali, fotografie non autorizzate dell'abitazione della studiosa e insinuazioni sulla sua presunta morte, nonostante comunicati pubblici e attività accademiche documentate smentissero tali affermazioni.

• Febbraio 2023: Andreas Tobler si reca presso l'abitazione della studiosa e scatta fotografie non autorizzate, senza qualificarsi né dichiarare la propria identità.

• Febbraio/Marzo 2023: Sul *Tages-Anzeiger* viene pubblicato l'articolo intitolato *"Plötzlich heisst es, sie sei tot"*, che include:

– un'immagine della casa della studiosa;

– nessuna possibilità di replica;

– insinuazioni di silenzio o presunta "sparizione";

– omissione di qualsiasi riferimento alle pubblicazioni accademiche, alle affiliazioni istituzionali o alle dichiarazioni ufficiali.

• Marzo 2023: L'articolo, in forma identica, viene ripubblicato su *Der Bund* e *Berner Zeitung.*

• Aprile–Maggio 2023: Contenuti minacciosi vengono depositati nella cassetta della posta della studiosa.

• 2023–2024: Due denunce formali vengono presentate alle autorità svizzere, ma entrambe sono archiviate senza che venga avviata alcuna indagine.

• L'avvocatessaa svizzera incaricata del caso abbandona il mandato dopo aver ricevuto minacce rivolte ai propri figli.

L'articolo diffamatorio di Andreas Tobler, inizialmente pubblicato sulla versione online del *Tages-Anzeiger*, è stato strategicamente replicato su numerosi media svizzeri e internazionali, saturando così i risultati dei motori di ricerca e amplificando una narrazione dimostrabilmente falsa. Lo stesso testo è stato riutilizzato su diverse testate con titoli leggermente modificati, al fine di massimizzarne la diffusione e al contempo ridurre la tracciabilità delle responsabilità.

Questa strategia non aveva alcuno scopo informativo, bensì di chiara persecuzione —colpendo in particolare un'istituzione accademica, negando l'esistenza di una biblioteca accessibile al pubblico e arrivando persino a insinuare che il legale della Prof.ssa Rossi fosse una figura fittizia. È significativo che l'articolo pubblicato da Raphael Rauch su *Kath.ch*, contenente affermazioni simili e altrettanto infondate, sia stato successivamente rimosso.

Altri soggetti si sono uniti a questo coro diffamatorio. Nel Regno Unito, il tabloid *Private Eye* ha pubblicato un pezzo che riprendeva le medesime falsificazioni, basandosi su materiale diffuso da soggetti coinvolti nel commercio di manoscritti smembrati. All'inizio di gennaio 2023, *The Critic* ha diffuso un articolo in linea con questa stessa narrativa diffamatoria, redatto da una giornalista la cui attività online ha rivelato un atteggiamento sistematicamente denigratorio nei confronti della Prof.ssa Rossi (tanto da mostrare divertita di aver ricevuto una diffida dall'avvocato di Rossi). Oltre alle distorsioni pubblicate, anche il comportamento di Tobler nel mondo reale solleva gravi interrogativi sul piano etico. Dopo che sono stati pubblicati online falsi necrologi della Prof.ssa Rossi—nello specifico su *DeinAdieu.ch* il 27 gennaio 2023—Tobler ha trascorso diverse ore davanti alla sua abitazione, scattando fotografie non autorizzate e cercando di intervistare i suoi vicini di casa. Queste azioni, che si configurano come molestie, sono avvenute nonostante Tobler fosse già pienamente consapevole della campagna diffamatoria in corso e delle minacce documentate alla sicurezza di Rossi.

Questa convergenza di eventi solleva interrogativi estremamente seri. È legittimo domandarsi se la pubblicazione dei falsi necrologi sia stata orchestrata, o quantomeno strumentalizzata, per fornire una giustificazione narrativa all'articolo di Tobler, apparso poco dopo. In questo scenario, i necrologi non rappresentano una coincidenza, ma una premessa costruita ad arte—una tattica inquietante volta a legittimare un testo altrimenti privo di fondamento. Il fatto che Tobler non abbia mai messo in discussione né contestualizzato l'improvvisa comparsa dei necrologi è, di per sé, altamente significativo.

Le accuse di plagio: un'analisi giuridica e accademica

All'indomani della campagna diffamatoria che ha preso di mira RECEPTIO e la sua direttrice, si è aperta una nuova e particolarmente insidiosa fase. Tra le accuse mosse vi è quella secondo cui la Prof.ssa Carla Rossi avrebbe commesso plagio e autoplagio in tre delle sue pubblicazioni accademiche. Queste affermazioni, formulate senza alcun fondamento giuridico né scientifico, miravano a delegittimare non solo la sua autorialità, ma l'integrità intellettuale dell'intero centro di ricerca.

Le contestazioni riguardavano in particolare:

(i) una monografia dedicata alla ricostruzione di un manoscritto medievale smembrato, *The Book of Hours of Louis de Roucy*, accusata di plagiare contenuti provenienti da un blog gestito da Peter Kidd;

(ii) un volume scientifico sul pittore Bronzino, oggetto di accuse di autoplagio;

(iii) un saggio sull'accoglienza dei rifugiati ebrei in Svizzera tra il 1943 e il 1945, accusato di presunto plagio per via di parafrasi di documenti d'archivio.

Le accuse, cui la Prof.ssa Rossi ha risposto per via legale, non sembravano poggiare su alcun criterio riconosciuto di valutazione del plagio in ambito accademico. Per tutelare la propria reputazione professionale e la credibilità istituzionale di RECEPTIO, la Prof.ssa Rossi ha intrapreso un'azione legale formale. Invece di replicare per vie mediatiche o polemizzare pubblicamente, ha scelto di rispondere attraverso i canali giudiziari ufficiali. Un'articolata memoria difensiva è stata depositata dal suo legale presso il Tribunale amministrativo federale svizzero (Bundesverwaltungsgericht, BVGer) di San Gallo, insieme a un memorandum che include una perizia forense redatta *pro veritate* in italiano in cui si confutano punto per punto tutte le accuse mosse dagli anonimi diffamatori.

La relazione dell'esperto offre un'analisi pagina per pagina delle opere contestate.

The Book of Hours of Louis de Roucy

URL:

https://play.google.com/store/books/details?id=kRDgEAAAQBAJ

La prima e più significativa accusa riguarda quelli che vengono erroneamente definiti come "titoli delle miniature" presenti in *The Book of Hours of Louis de Roucy*. Secondo quanto sostenuto dagli accusatori (cito dai documenti legali depositati, che ho avuto modo di consultare per la redazione del volume):

i titoli delle miniature in Rossi 2022 sono identici a quelli presenti nel blog [di Peter Kidd], con lievi adattamenti. Altri titoli sono identici. Alcuni, ad esempio quelli relativi a 29v, 32v o 65r-66r, sono costituiti da una o pochissime parole. Inoltre: in Rossi 2022, la lista si conclude con i fogli 97r e 106r, mentre quella nel blog si ferma a 96r e 105r.

Nell'ambito della risposta legale della Prof.ssa Rossi è stata condotta un'analisi comparativa che ha dimostrato come tali accuse riprendessero, quasi parola per parola, le affermazioni pubblicate sul blog personale di Peter Kidd, e che l'espressione "titoli delle miniature" fosse stata impropriamente utilizzata al posto del termine corretto: *denominazioni iconografiche*. Come illustrato con dovizia di particolari, infatti, negli studi storico-artistici e codicologici, le espressioni utilizzate per descrivere le scene rappresentate nelle miniature — come "Annunciazione", "Visitazione", "Deposizione", o "Annuncio ai pastori" — non costituiscono atti creativi soggettivi, bensì etichette iconografiche standardizzate, impiegate da secoli per identificare episodi biblici.

Le accuse di plagio risultano pertanto fondate sull'uso da parte della Prof.ssa Rossi di espressioni generiche e universalmente accettate nel linguaggio accademico e storico-artistico. Una semplice ricerca attraverso strumenti pubblici come Google Books restituisce centinaia di occorrenze per ciascuno di questi termini, in pubblicazioni scientifiche, cronache, cataloghi di mostre, e in numerose altre tipologie di fonti. È evidente che si tratta di termini d'uso comune, non solo in contesti specialistici ma anche nella comunicazione generale.

Nel caso specifico, tali termini rappresentano denominazioni codificate dell'iconografia religiosa. Va sottolineato che nessun diritto d'autore protegge l'impiego di espressioni come "Annunciazione" o "Visitazione", né tali parole soddisfano la soglia minima di creatività o originalità necessaria per ottenere protezione giuridica nel campo della proprietà intellettuale. La conclusione è dunque inequivocabile: l'uso di tali termini standardizzati non costituisce in alcun modo violazione di copyright o infrazione di norme relative alla proprietà intellettuale.

Discrepanza nella numerazione dei fogli: prova di una ricerca indipendente

Tra i punti sollevati dalla parte accusatrice vi era la seguente osservazione:

Inoltre, in Rossi 2022, la lista termina con 97r e 106r, mentre quella del blog si conclude con 96r e 105r.

A prima vista, si potrebbe pensare a una semplice discrepanza numerica di poco conto. Tuttavia, le implicazioni di tale differenza sono tutt'altro che irrilevanti. La stessa affermazione costituisce, di fatto, un'ammissione implicita che le due liste — quella contenuta nella monografia accademica *The Book of Hours of Louis de Roucy* e quella pubblicata sul blog personale di Peter Kidd — non coincidono.

Valutazione comparativa

Dal punto di vista della metodologia scientifica e del

diritto d'autore, una divergenza nella sequenza o nella numerazione dei fogli di un manoscritto è un indizio rilevante e positivo di indipendenza del lavoro. Il semplice fatto che la lista di Rossi si estenda fino ai fogli 97r e 106r, mentre quella del blog si arresta a 96r e 105r, dimostra che l'autrice ha condotto un'analisi autonoma. Questa variazione mina alla base ogni ipotesi di appropriazione diretta, giacché il plagio, per definizione, implica una corrispondenza testuale sostanziale e non dichiarata.

Tanto negli standard accademici quanto in quelli giuridici, la presenza di dati non identici — specialmente in un ambito come quello codicologico, in cui ogni foglio ha un valore strutturale e iconografico specifico — costituisce un elemento significativo che contrasta con l'ipotesi di copia. La numerazione indipendente (che Rossi tra l'altro fonda sulla ricostruzione digitale del manoscrito), soprattutto quando deriva da criteri distinti utilizzati per ricostruire la sequenza originale del manoscritto, deve essere interpretata come prova di autonomia metodologica.

In questo caso, la discrepanza nei numeri finali dei fogli rappresenta esattamente quel tipo di divergenza che attesta l'indipendenza metodologica. Essa dimostra che l'autrice di *The Book of Hours of Louis de Roucy* non ha seguito la struttura proposta da Kidd, ma ha invece stabilito una propria foliazione basata su percorsi di ricerca autonomi, evidenze documentarie e ricostruzione del manoscritto smembrato. Ogni presunzione di plagio è rigettata già solo per questo motivo: è infatti la coincidenza, non la divergenza, a richiedere eventualmente un ulteriore approfondimento.

Valutazione

La presenza di numerazioni divergenti dei fogli costituisce, in realtà, un'ulteriore prova dell'indipendenza del lavoro di Rossi. Una lista plagiata, per definizione, replicherebbe esattamente il materiale di partenza. La divergenza nella foliatura indica invece un'analisi autonoma e contraddice alla base l'ipotesi di plagio.

Accusa di plagio relativa all'elenco delle aste

Accusa: la Prof.ssa Rossi avrebbe copiato dal blog di Peter Kidd un elenco di fogli manoscritti venduti all'asta.

Valutazione

Il blog in questione non fornisce un elenco completo dei fogli passati in asta. Presenta solo una selezione di miniature (neppure una ventina) — spesso non rectoverso — ed esclude del tutto i fogli di testo. La pubblicazione della Prof.ssa Rossi documenta invece ben 127 fogli, includendo sia le carte con solo testo sia quelle con bordure ornamentali. Inoltre, l'autrice identifica e riproduce nel suo lavoro tre miniature aggiuntive non presenti nel blog di Kidd. Questo lavoro comparativo esteso è corredato da trascrizioni filologiche del testo, che attestano ulteriormente l'indipendenza e l'originalità del lavoro accademico di Rossi.

Accusa di plagio sulla struttura dei Libri d'Ore

Accusa: si afferma che la Prof.ssa Rossi abbia copiato una descrizione standard della struttura dei Libri d'Ore dal sito della Biblioteca della McGill University.

Valutazione

L'accusa secondo cui una studiosa che da oltre trent'anni ricostruisce Libri d'Ore smembrati avrebbe avuto bisogno di copiare — e peraltro con scarso successo — da un sito divulgativo di una biblioteca universitaria, è di per sé poco credibile. Il lavoro scientifico della Prof.ssa Rossi, che include numerose monografie e pubblicazioni peer-reviewed, affronta sistematicamente la struttura, i contenuti liturgici e le sequenze testuali tipiche dei Libri d'Ore. Lo schema strutturale indicato come presunto "plagio" corrisponde in realtà a contenuti standardizzati, insegnati nei corsi introduttivi di codicologia e riportati in decine di manuali e cataloghi sin dalla metà del XX secolo. Non riflette alcun contributo originale da parte del riassunto pubblicato dalla McGill Library e non è soggetto né a copyright né ad attribuzione creativa.

Anzi, risulterebbe difficile individuare un solo manuale codicologico — dalla *Typologie des sources du Moyen Âge occidental* alle opere di riferimento più recenti — che non includa uno schema simile. La tipologia di un Libro d'Ore — calendario, pericopi, Ore della Vergine, Passione, Ufficio dei Morti, Suffragi, ecc. — è codificata e canonizzata nella tradizione storico-filologica.

La Prof.ssa Rossi ha descritto questa struttura in maniera dettagliata in numerose pubblicazioni, sia precedenti sia successive al volume contestato. Tra queste si annoverano, a titolo esemplificativo:

- *2022, WayBack Recovery. Manuale metodologico per la ricostruzione digitale di manoscritti smembrati*, Receptio Academic Press
- *2022, Biblioclasm & Digital Reconstruction, TCLA*, Vol. 6, No. 1, agosto 2022, numero speciale
- *2022, Biblioclastia a scopo di lucro e culto feticistico dei frammenti di manoscritti medievali*, in *Studj romanzi*, XVIII, pp. 161–196
- *2024, Isabelle Boursier's Book of Hours, a*

Dismembered Manuscript from Mary Benson's Collection, Cambridge Scholars

- *2024, Digital Reconstruction of a Dismembered Book of Hours Illuminated by Robert Boyvin*, Cambridge Scholars
- *2025, Il laccio d'amore H&M. Il Libro d'Ore di Hendrik III van Nassau e Mencía de Mendoza. Commentario*, Imago Srl
- *2025, Miniatrici Fiamminghe: Il Libro d'Ore miniato da Babekin e Tannekin Boems. Commentario al manoscritto W.173 di Baltimora*, Imago Srl
- *2025, Il manoscritto 198 della Guarneriana*, Scriptorium Foroiuliense

In ciascuna di queste opere, l'autrice analizza con rigore filologico l'articolazione interna dei manoscritti devozionali, la loro sequenza liturgica e le varianti regionali. Questo impegno coerente e documentato nell'arco di decenni rende infondata qualsiasi accusa di appropriazione intellettuale da una risorsa didattica online.

In conclusione, l'accusa appare non solo priva di fondamento giuridico, ma anche intellettualmente offensiva. Si basa sull'ipotesi improbabile che un'esperta riconosciuta nella ricostruzione di Libri d'Ore possa attingere a un riassunto digitale anonimo per materiale che studia, cataloga e pubblica in modo indipendente da oltre trent'anni.

Accusa di utilizzo di "immagini non autorizzate"

Accusa: L'utilizzo di immagini tratte da cataloghi d'asta o di fotografie attribuite a Peter Kidd è stato presentato come una violazione.

Valutazione

Le immagini presenti nel volume della Prof.ssa Rossi sono state ottenute con l'esplicita autorizzazione delle gallerie e degli archivi competenti, come attestato da corrispondenza email agli atti. Le immagini non riportano watermark privati né elementi di riconoscibilità proprietaria e molte di esse sono liberamente disponibili in cataloghi pubblici o anteprime d'asta.

L'accusa secondo cui a p. 19 del volume *The Book of Hours of Louis de Roucy* sarebbe stata utilizzata un'immagine "copiata" da un post del blog di Peter Kidd (in cui sarebbe fotografato un pelo della barba dello stesso) è del tutto infondata. Il nucleo dell'affermazione risiede nella presunta presenza di un "pelo/capello" non visibile nell'immagine pubblicata nel volume, che coinciderebbe con un'analoga presenza visibile nel blog, e che pertanto sarebbe considerata un identificatore d'origine.

Questa linea argomentativa risulta al tempo stesso inverosimile e metodologicamente insostenibile. Oltre all'evidente problematicità probatoria derivante dall'attribuzione della "proprietà" di un capello visibile in una scansione digitale o in una fotografia—soprattutto in assenza di qualsiasi verifica forense—va rilevato che l'immagine contestata, così come pubblicata nel volume della Prof.ssa Rossi, non presenta affatto il "pelo/capello" cui si fa riferimento nella versione apparsa sul blog.

Tale discrepanza è di per sé sufficiente a invalidare l'accusa, fondata su un elemento visivo non verificabile e la cui presenza non è riscontrabile nella pubblicazione oggetto della contestazione. Ne consegue che l'addebito di riproduzione non autorizzata dell'immagine, basato su questa argomentazione, non può essere ritenuto fondato.

Al di là del caso specifico sopra illustrato, è necessario richiamare il principio generale del "fair use" (o "utilizzo legittimo") nell'ambito della valutazione giuridica della riproduzione di immagini o dati a fini accademici. Secondo norme consolidate sia dal diritto d'autore europeo sia dal diritto internazionale, l'uso di immagini o testi per scopi di ricerca, insegnamento, commento o critica è ampiamente consentito, purché tale utilizzo non rechi danno economico al titolare dei diritti né comprometta il valore commerciale della fonte originale.

Nel caso in esame, l'immagine contestata proviene da un catalogo d'asta Sotheby's risalente al 1954. Tali documenti non sono protetti da copyright, in particolare per quanto riguarda i dati fattuali (titoli, numeri di lotto, descrizioni sommarie), che sono espressamente esclusi dalla tutela secondo la legislazione vigente in materia di proprietà intellettuale.

L'immagine riprodotta nel volume della Prof.ssa Rossi consiste in una porzione minima di una singola pagina del catalogo del 1954, ed è stata inclusa unicamente per documentare un dato di fatto: la lista delle miniature presenti nel codice integro e una sintetica nota di provenienza del manoscritto. L'uso è quantitativamente trascurabile e chiaramente giustificato da finalità scientifiche, rientrando pienamente nei limiti dell'uso consentito in ambito accademico.

Va inoltre sottolineato che l'immagine in questione è utilizzata in modo del tutto diverso nel blog rispetto alla pubblicazione oggetto di accusa. Mentre il blog la impiega in un contesto non peer-reviewed e orientato alla promozione commerciale, l'opera della reclamante la integra in una pubblicazione scientifica corredata da trascrizioni testuali e un'ampia analisi filologica.

Copyright e riproduzione di miniature storiche

Occorre infine rimarcare che la riproduzione di miniature storiche—come quelle presenti in manoscritti miniati o in cataloghi d'asta—non può essere protetta dal moderno diritto d'autore se la riproduzione non presenta elementi di originalità o apporto creativo. Le fotografie in questione assolvono esclusivamente una funzione documentaria e non raggiungono la soglia di originalità necessaria per ottenere protezione legale.

Ancor meno plausibile è l'idea che una simile fotografia, se ospitata su un blog personale, possa conferire diritti esclusivi all'autore del blog. Inoltre, la natura didattica e scientifica della pubblicazione della Prof.ssa Rossi, unitamente alla dimostrabile assenza di danno economico a qualunque editore o detentore di diritti (come Sotheby's), conferma la piena legittimità dell'utilizzo secondo i parametri internazionali e accademici dell'uso corretto e della libera riproduzione a fini di studio.

Tra le accuse mosse contro la Prof.ssa Rossi vi è quella secondo cui avrebbe commesso plagio nell'identificazione dell'uso liturgico di un Libro d'Ore antecedente al suo smembramento. È fondamentale sottolineare che il manoscritto in questione non esiste più nella sua interezza, essendo stato smembrato e disperso attraverso canali commerciali. Il lavoro scientifico di Rossi si basa su una ricostruzione digitale del manoscritto, condotta mediante una combinazione di indagine codicologica e ricerca archivistica. Il blog da cui muovono le accuse, al contrario, non tenta in alcun modo di ricostruire la struttura originaria o la coerenza liturgica del codice: il suo scopo appare piuttosto quello di presentare e valorizzare singoli fogli miniati a fini commerciali.

Analisi comparativa

Un confronto diretto tra i materiali citati a sostegno dell'accusa rivela una sostanziale divergenza metodologica. In particolare, sia Rossi sia il blog fanno riferimento al raro testo dell'Ufficio dei Morti *Milicia est vita hominis* e, appoggiandosi all'opera di riferimento di K. Ottosen, ne collegano la presenza all'uso liturgico di Châlons-en-Champagne. Tuttavia, il blog si limita a questa sommaria attribuzione. La Prof.ssa Rossi, invece, utilizza questo dettaglio liturgico come punto di partenza per un'indagine più ampia, che le consente di identificare non solo l'uso liturgico regionale, ma anche la probabile rete produttiva del manoscritto e il suo primo proprietario noto, nel contesto storico della Champagne. Tali risultati, frutto di un'indagine storico-filologica articolata e approfondita, sono del tutto assenti dal blog. L'accusa di plagio, pertanto, non può trovare alcuna conferma, dal momento che i due lavori divergono radicalmente sia per metodo che per portata.

Ulteriori evidenze a sostegno del coinvolgimento di P. Kidd nello smembramento del manoscritto ricostruito da Rossi

Come documentato nel volume *Isabelle Boursier's Book of Hours. A Dismembered Manuscript from Mary Benson's Collection* (Cambridge Scholars Publishing, 2023), il manoscritto oggi noto come *Book of Hours of Louis de Roucy* fu smembrato dal mercante tedesco Peter Kiefer nel 2009. Peter Kidd, attraverso il proprio blog e le descrizioni redatte per case d'asta, svolse un ruolo centrale nella promozione commerciale dei fogli escissi. Nel medesimo volume (pp. 28–45), la Prof.ssa Carla Rossi ricostruisce la struttura originaria del manoscritto, identificando Kidd non solo come autore di descrizioni fuorvianti, ma anche come figura chiave nell'occultamento della provenienza recente del codice. Il blog *mssprovenance*, che si presenta come strumento di ricerca, viene dimostrato essere funzionale tanto agli interessi commerciali di Kidd quanto, in una fase successiva, alla sua campagna diffamatoria.

Il codice ricostruito comprende fogli digitalmente identificati oggi conservati in istituzioni pubbliche e collezioni private, tutti venduti separatamente dopo la disgregazione operata da Kiefer. Alcuni di questi fogli sono stati catalogati da Kidd senza alcun riferimento al manoscritto d'origine, nonostante fosse a conoscenza della loro provenienza comune.

Il lavoro della Prof.ssa Rossi mette in evidenza:

- l'escissione dei fogli a scopo di lucro;
- l'occultamento della provenienza nei cataloghi d'asta;
- la promozione dei fogli escissi attraverso la piattaforma personale di Kidd.

La sua ricostruzione smantella il mito dei "frammenti anonimi" e restituisce al manoscritto la sua integrità culturale e storica.

Il volume è consultabile al link: https://www.cambridgescholars.com/product/978-1-5275-0382-9

Ricostruzione del Libro d'Ore De Roucy: panoramica metodologica

Il secondo capitolo del volume *Isabelle Boursier's Book of Hours* si apre con uno studio di caso su un manoscritto miniato risalente agli anni 1480, commissionato per Louis de Roucy, figlio illegittimo del marchese di Montmirail. Questo manoscritto, oggi ormai inesistente perché smembrato, appartenne fino al XVIII secolo alla biblioteca dei marchesi di Montmirail-Courtanvaux (p. 28).

L'indagine prende avvio da un singolo foglio digitalizzato con miniatura e testo latino, ignoto a Kidd e identificato da Rossi come il foglio 64 mediante una metodologia fondata su codicologia e paleografia (Fig. 1a). La ricostruzione prosegue attraverso la fase di *recensio*—un processo analitico volto a ricondurre fogli isolati al loro codice d'origine mediante il confronto tra caratteristiche visive, materiali e testuali (pp. 29–30):

"Applicando la metodologia di ricostruzione a partire da questo specifico foglio, il nostro obiettivo è determinare da quale manoscritto smembrato provenga il segmento analizzato" (p. 29).

Questo primo passo conduce all'identificazione di un

foglio miniato con una *Deposizione*, rintracciato attraverso gli archivi delle case d'asta, permettendo a Rossi di stabilire una sequenza e una posizione di riferimento per gli altri fogli (Fig. 2, p. 32). La tecnica di *recensio* guida quindi lo studio comparativo codicologico dei fogli sulla base del formato (145×100 mm, 14 righe di testo) e dell'*incipit* testuale: *Deus in adiutorium meum intende*... (p. 31).

Un momento cruciale si presenta quando la Prof.ssa Rossi risale alla provenienza delle miniature tramite Charles Edwin Puckett, il cui sito documenta la vendita del manoscritto completo da parte di Sotheby's nel giugno 1954. In quell'occasione, il codice era ancora integro, composto da 31 miniature e rilegato in marocchino nero. La svolta avviene nel 2009, quando il manoscritto riappare all'asta di Bloomsbury a New York: quella vendita segna l'inizio della sua dispersione (pp. 32–33).

"Sebbene ancora integro alla vendita del 1954, lo smembramento del manoscritto avvenne poco dopo la sua aggiudicazione all'asta Bloomsbury di New York il 3 aprile 2009" (p. 33).

Esaminando fonti online e banche dati come Invaluable.com e Rare Book Hub, Rossi identifica il mercante tedesco Peter Kiefer come responsabile della messa in vendita dei primi fogli sciolti già a partire da settembre 2009—appena cinque mesi dopo l'asta del 2009 (figg. 4–6, pp. 38–39).

Una cronologia trasparente e il coinvolgimento di Kidd

La cronologia ricostruita nel capitolo dimostra chiaramente la circolazione commerciale dei fogli attraverso Kiefer e altri commercianti europei. La presenza di vendite multiple e rivendite successive è documentata in maniera dettagliata. Particolarmente eloquente è la ricorrenza in vendita di specifiche miniature (ad esempio *Deposizione*, *Evangelisti*, *Madonna*) su piattaforme tedesche ancora nel 2016.

Il coinvolgimento di Peter Kidd—pur non esplicitamente nominato in questo capitolo—emerge in modo inequivocabile nell'analisi condotta da Rossi sui "consulenti esterni e collaboratori freelance" che operano in sinergia con le case d'asta, contribuendo allo smembramento e alla rivendita dei fogli miniati.

"Muovo accuse analoghe di collusione a questi collaboratori e figure dietro le quinte... questi consulenti omettono o addirittura fabbricano provenienze dubbie per rendere possibile la mutilazione dei manoscritti" (p.

36).
Un simile linguaggio non lascia spazio a interpretazioni ambigue, soprattutto se posto in relazione al fatto che Kidd stesso ha presentato e commentato alcuni dei medesimi fogli attraverso il proprio blog, mentre simultaneamente conduceva una campagna di delegittimazione nei confronti della Prof.ssa Rossi.

A partire da p. 40, il capitolo entra nel vivo della ricostruzione liturgica del *Libro d'Ore*, mettendo in evidenza la solidità metodologica del lavoro di Rossi. Qui si manifesta in modo inequivocabile la sua competenza filologica: foglio per foglio, l'autrice definisce le preghiere, le pericopi evangeliche, i suffragi e le antifone che si attenderebbero in ciascuna sezione del manoscritto. Particolarmente rilevante è la ricostruzione dell'uso liturgico, con ipotesi coerenti con la Champagne o con l'uso romano, fondate sulla presenza di suffragi rari e variazioni locali del calendario.
Tale ricostruzione smentisce radicalmente ogni insinuazione secondo cui la ricerca avrebbe "attinto" al blog di Kidd: quest'ultimo, infatti, non fornisce né strutture liturgiche né analisi codicologiche, limitandosi a presentare immagini di catalogo corredate da didascalie sommarie.

Conclusione e rilevanza della replica legale

L'analisi contenuta in *Isabelle Boursier's Book of Hours* non solo si distingue per rigore metodologico, ma precede ogni riferimento al blog in questione. Include dati originali relativi alla foliazione, all'analisi fisica e alla struttura testuale, oltre a confronti documentati con i registri delle vendite e fonti archivistiche chiaramente citate.

Le accuse di plagio risultano quindi infondate alla semplice verifica del metodo e del contenuto: Rossi ricostruisce un manoscritto intero attraverso evidenze paleografiche, liturgiche e commerciali; Kidd, al contrario, propone appunti non scientifici in forma di blog personale.

Questo capitolo—e più in generale l'intera monografia—si configura come una confutazione accademica completa, che smaschera i meccanismi della disgregazione dei codici miniati, gli interessi economici sottesi e le complicità reticolari che, ironicamente, coinvolgono proprio coloro che più tardi accusarono Rossi.

Ulteriori accuse di scorrettezza accademica

1. Ricostruzione di manoscritti smembrati: presunta omissione di fonti bibliografiche

Una delle contestazioni mosse alla prof.ssa Carla Rossi riguarda la presunta omissione di fonti bibliografiche preesistenti nei suoi lavori di ricostruzione di manoscritti smembrati. Tale accusa risulta infondata sia sotto il profilo giuridico sia da un punto di vista scientifico. Il metodo di ricostruzione sviluppato dalla prof.ssa Rossi è ampiamente riconosciuto come un contributo originale alla tutela del patrimonio manoscritto, e si contraddistingue per rigore metodologico, coerenza interna e capacità di reintegrare fogli dispersi in una struttura plausibile e documentata.

Lungi dal trascurare i riferimenti, la ricerca di Rossi si fonda su metodologie codicologiche consolidate, alle quali affianca un apparato digitale sistematico e trasparente, interamente accessibile al pubblico. Le sue ricostruzioni sono state elogiate per la chiarezza del metodo e per l'effettiva restituzione all'uso pubblico di materiali altrimenti irraggiungibili. Affermare che tali lavori configurino una carenza di diligenza scientifica appare, nel migliore dei casi, fuorviante; nel peggiore, una deliberata distorsione della realtà.

2. L'accusa di "auto-plagio": il caso Bronzino

Tra le accuse più paradossali rivolte alla prof.ssa Carla Rossi vi è quella di auto-plagio — concetto talvolta discusso nell'ambito dell'etica dell'editoria accademica, ma spesso frainteso e applicato in modo improprio. L'accusa si concentra sul volume del 2021 *Il Bronzino poeta. Rime serie e facete di un maestro del Rinascimento fiorentino*, che avrebbe ripreso, secondo i critici, senza adeguata citazione, idee o formulazioni testuali già presenti in pubblicazioni precedenti della stessa autrice sul medesimo argomento.

Tale accusa rasenta il grottesco, se non fosse per la gravità con cui è stata formulata in un contesto ufficiale. Essa equivale, in sostanza, ad accusare un'autrice di aver ripreso le proprie riflessioni senza "autorizzazione", ignorando che l'elaborazione progressiva e coerente di un filone di ricerca costituisce una pratica perfettamente legittima e, anzi, auspicabile nella produzione scientifica.

Il volume in questione è il risultato di oltre vent'anni di ricerca sul corpus poetico di Agnolo Bronzino, pittore fiorentino e poeta di corte, la cui produzione letteraria è rimasta fino a tempi recenti marginalizzata all'interno degli studi rinascimentali. Tra il 2003 e il 2020 la prof.ssa

Rossi aveva già pubblicato articoli scientifici ed edizioni commentate dedicate alla poesia di Bronzino. La monografia del 2021 rappresenta il coronamento di tali studi: una sintesi critica complessiva volta a offrire una nuova edizione annotata delle *Rime* di Bronzino, accompagnata da un solido apparato interpretativo fondato su ricerche precedenti.

Non soltanto è consuetudine nelle discipline umanistiche ritornare su tematiche già affrontate per affinarne l'analisi, ma tale prassi è attesa e incoraggiata, soprattutto quando vengono integrati materiali inediti o ampliati i contesti, e il formato editoriale prescelto è diverso—come nel passaggio da articoli a monografia. In questo caso specifico, le ricerche pregresse della prof.ssa Rossi costituiscono il fondamento su cui si innesta l'elaborazione di un'argomentazione più estesa e approfondita. Le citazioni sono presenti, la prospettiva è maturata, l'orizzonte dell'indagine si è ampliato.

Etichettare tale processo come *auto-plagio* significa affermare, implicitamente, che a uno studioso non sia lecito sviluppare le proprie idee se non citando se stesso con la premura di un imputato, anziché con la sicurezza metodologica di un esperto. È un po' come accusare un architetto di riutilizzare un proprio progetto o un compositore di riprendere un tema musicale da lui stesso creato, senza prima “ottenere licenza da sé medesimo”.

Considerazioni accademiche e giuridiche

Dal punto di vista giuridico, il concetto di *auto-plagio* non è definito in modo univoco nel diritto internazionale d’autore. La violazione del copyright presuppone l’uso non autorizzato dell’espressione creativa altrui. Quando, invece, il materiale riutilizzato è di propria paternità—e ancor più se inserito in un percorso di ricerca coerente e cumulativo—viene meno qualsiasi fondamento giuridico all’accusa.

Dal punto di vista scientifico, il riuso o lo sviluppo di risultati precedenti è non solo legittimo, ma necessario per garantire continuità, coerenza e incisività alla ricerca. È prassi consolidata, in ambito filologico e storico, riprendere ipotesi precedenti alla luce di nuove acquisizioni o per adattarle a contesti editoriali diversi. La monografia del 2021 non rappresenta una ripetizione, bensì un approfondimento.

L’accusa rivela dunque una profonda incomprensione delle pratiche accademiche più che una reale irregolarità. Paradossalmente, è proprio perché il volume su Bronzino integra e rielabora studi precedenti che esso testimonia, con chiarezza, la continuità intellettuale e l’autorialità responsabile che la nozione stessa di plagio è intesa a tutelare.

Accuse relative al volume *Sul confine italo-svizzero 1943–45. Il labile destino di alcuni profughi ebrei*

La terza accusa rivolta alla prof.ssa Rossi ha riguardato la sua monografia dedicata alla sorte dei rifugiati ebrei nelle zone di confine tra Italia e Svizzera negli ultimi anni della Seconda guerra mondiale. L'attacco ha preso di mira in particolare il volume *Sul confine italo-svizzero 1943–45. Il labile destino di alcuni profughi ebrei*, pubblicato nel 2023 e identificato da DOI registrato: 10.55456/sulconfine.

Diversamente dai casi precedenti, questo insieme di contestazioni si fonda interamente sulle affermazioni del giornalista olandese Peter Burger, già autore di ripetute aggressioni mediatiche contro la prof.ssa Rossi e figura notoriamente animata da un atteggiamento ostile, come attestato da numerosi interventi a mezzo stampa e da ripetuti post sulla piattaforma X (già Twitter) contro Rossi e i suoi colleghi. Il tono e la natura di tali comunicazioni—spesso oscillanti tra la polemica e la diffamazione—sollevano seri dubbi sull'imparzialità e sull'idoneità di Burger a rivestire un ruolo di osservatore imparziale. Non è un caso che lo stesso Burger sia stato protagonista o sostenitore di molteplici articoli volti a screditare il centro RECEPTIO, frequentemente privi di riscontri oggettivi e redatti al di fuori delle più elementari procedure giornalistiche.

L'accusa centrale legata al volume *Sul confine italo-svizzero 1943–45* si basa su presunte "corrispondenze" rilevate da un software antiplagio non identificato. Tali strumenti, sebbene talvolta utili in fase di pre-screening, sono del tutto inadeguati per emettere valutazioni definitive in ambito giuridico o accademico, soprattutto nelle scienze umane. Il loro funzionamento algoritmico, fondato su similarità testuale automatica piuttosto che su contesto, intenzione o interpretazione, risulta metodologicamente fallace quando applicato a testi di natura storico-documentaria o archivistica.

In un caso emblematico, il software avrebbe segnalato come "non attribuita" una citazione correttamente riferita al portale svizzero *dodis.ch*—fonte archivistica primaria per la storia diplomatica elvetica—nonostante tale riferimento fosse puntualmente riportato in nota nel testo a stampa. L'incapacità del programma di distinguere tra documentazione debitamente citata in nota e reale appropriazione indebita rivela l'inaffidabilità epistemologica del procedimento adottato.

Come osservato nel parere legale allegato alla memoria difensiva presentata presso il Tribunale amministrativo federale di San Gallo, l'impiego di simili sistemi di rilevamento, in assenza di verifica umana e di un'adeguata contestualizzazione critica, risulta non solo metodologicamente viziato, ma potenzialmente lesivo della reputazione se utilizzato per formulare accuse pubbliche.

Ulteriori accuse si sono concentrate su passaggi del volume che parafrasano o discutono documenti d'archivio, in particolare elenchi di nomi, registri di transito alla frontiera e note biografiche relative ai profughi. Questi elementi, tuttavia, non costituiscono testi creativi soggetti a protezione autoriale, bensì dati fattuali tratti da registri pubblici e archivi istituzionali. Inoltre, conformemente alla metodologia storica standard, la prof.ssa Rossi non ha trascritto tali fonti in modo letterale, ma le ha integrate in una più ampia interpretazione storica e sociologica. Il suo lavoro mirava a ricostruire le ambiguità etiche della politica di frontiera elvetica nel biennio 1943–45 attraverso lo studio approfondito di singoli casi—un obiettivo che nessun software automatico né una lettura sommaria da parte di un giornalista possono seriamente invalidare.

Motivazione ideologica e intento diffamatorio

Considerato il reiterato atteggiamento antagonistico di Peter Burger nei confronti della prof.ssa Rossi, tanto nella produzione giornalistica quanto nell'attività social, la legittimità delle sue "conclusioni" risulta fortemente compromessa. I suoi interventi sono privi di inquadramento accademico, non hanno ricevuto alcuna verifica indipendente da parte di esperti e si sono sistematicamente orientati ad alimentare il sospetto nell'opinione pubblica piuttosto che a promuovere un confronto scientifico.

In sintesi, le accuse rivolte a questo volume non resistono né a un esame scientifico né a una valutazione giuridica. Si fondano su strumenti tecnici inaffidabili, non dimostrano né intenzionalità né effettiva somiglianza sostanziale, e provengono da una fonte la cui ostilità è ampiamente documentata. Nel contesto più ampio della campagna diffamatoria avviata a partire dalla fine del 2022, tali contestazioni appaiono meno come reazioni a presunte scorrettezze accademiche e più come tentativi deliberati di danneggiare la reputazione di una studiosa che ha avuto il coraggio di denunciare interessi economici e accademici consolidati.

È prassi consolidata nella ricerca storica riassumere i risultati di studi precedenti, presentando in forma chiara e concisa le conclusioni di altri studiosi, senza che ciò implichi necessariamente la riproduzione estesa di citazioni testuali. A condizione che siano presenti adeguati riferimenti bibliografici o note a piè di pagina—una prassi accademica che Rossi ha costantemente rispettato—tale modalità di sintesi non costituisce in alcun modo plagio. Si tratta, anzi, di una tecnica riconosciuta e ampiamente accettata per la comunicazione rigorosa e accessibile dei risultati della ricerca.

Il fatto che le accuse in questione non riconoscano questa prassi metodologica solleva serie perplessità sulla validità degli strumenti valutativi adottati, soprattutto considerando che il software cosiddetto "antiplagio" citato dalla controparte non risulta in grado di distinguere tra una sintesi debitamente attribuita e un'effettiva appropriazione indebita.

Il volume oggetto di contestazione presenta inoltre una serie di eventi storicamente attestati—fatti che, in quanto appartenenti al dominio pubblico, non sono suscettibili di protezione autoriale. La descrizione di tali eventi non può pertanto configurare alcuna forma di violazione del diritto d'autore. La prof.ssa Rossi attribuisce sistematicamente tali fatti alle fonti primarie e secondarie appropriate, dimostrando così la piena aderenza agli standard accademici. L'incapacità della parte avversa di tener conto di tale prassi, facendo invece affidamento su uno strumento automatico privo di capacità interpretativa, compromette seriamente la credibilità delle accuse.

Sull'asserita omissione del Rapporto della Commissione Bergier

Un'ulteriore contestazione avanzata dagli accusatori riguarda la presunta omissione, da parte di Rossi, delle conclusioni della Commissione Bergier. Anche tale affermazione è facilmente smentibile. Il Rapporto della Commissione è infatti citato esplicitamente in più punti del volume, inclusa la prefazione e le note a piè di pagina alle pp. 13, 37 e 87. Un refuso tipografico (Berger invece di Bergier) in una di queste citazioni non incide in alcun modo sulla sostanza né sull'intenzionalità del riferimento, e non può, secondo alcuno standard accademico, essere invocato come base per un'accusa di plagio.

Un'ulteriore accusa riguarda presunte somiglianze tra i passaggi alle pp. 25–26 del volume della prof.ssa Rossi e un articolo online di Ada Treves. Tuttavia, un confronto approfondito mostra che l'analisi condotta da Rossi non si basa sul lavoro di Treves, bensì sul volume *A un passo dalla salvezza* di Silvana Calvo, esplicitamente citato come fonte primaria nella nota 1 a p. 7 e in altri punti del volume. La prof.ssa Rossi si è avvalsa dell'edizione cartacea del libro della Calvo—non della recensione online—e ogni eventuale somiglianza deriva dal fatto che entrambe le autrici fanno riferimento alla medesima fonte.

Il cosiddetto strumento software utilizzato da Peter Burger a sostegno delle proprie affermazioni non è in grado di rilevare fonti non digitalizzate come il volume della Calvo, conducendo così a conclusioni errate. La mancata verifica manuale da parte di Burger e la scelta di basare accuse gravi su uno strumento digitale fallace e privo di supervisione umana evidenziano una grave lacuna metodologica.

Contributi diretti e collaborazione documentaria La prof.ssa Rossi ha ricevuto documenti originali, fotografie e altro materiale direttamente dalla dott.ssa Tiziana Mona, collaboratrice formale al volume, nonché dalla famiglia Latis. Quest'ultima ha indirizzato una lettera aperta alla parte accusatrice, ringraziando la prof.ssa Rossi e affermando esplicitamente la propria collaborazione, che ha reso possibile la ricostruzione della vicenda biografica di Liliana Latis. Qualsiasi accusa di plagio in merito a tali contenuti risulta dunque non solo infondata, ma è già stata esplicitamente smentita dagli stessi collaboratori alla ricerca. La mancata menzione o considerazione, da parte della controparte, di tale documentazione pubblicamente accessibile è tanto più sorprendente quanto indicativa di un atteggiamento pregiudiziale.

Considerazioni finali

Le accuse di plagio mosse contro la prof.ssa Rossi si fondano su un insieme frammentario e internamente contraddittorio di presunte "prove", costituite per lo più da post di blog e da report generati da software opachi, entrambi strumenti inaffidabili e agevolmente confutabili. Il carattere meccanico e talvolta arbitrario dell'analisi condotta, unito a una dimostrabile incomprensione delle convenzioni accademiche e degli standard citazionali, compromette l'affidabilità delle accuse nel loro complesso.

In ogni circostanza, Rossi ha fornito documentazione chiara e verificabile a sostegno delle proprie ricerche. Le fonti archivistiche, la letteratura scientifica e i documenti pubblici sono stati puntualmente citati, eliminando qualsiasi base plausibile per un'accusa di appropriazione intellettuale. Nessuna prova concreta è stata presentata a supporto della pretesa di "autoplagio".

Qualunque opinione soggettiva si possa nutrire sull'opera della prof.ssa Rossi—vale la pena ricordare che essa è stata riconosciuta per decenni a livello internazionale per i suoi contributi scientifici—ciò che emerge con evidenza è la trasparenza, il rigore e l'originalità del suo lavoro. È su questi elementi, e non sulle mutevoli opinioni di commentatori online o su articoli non sottoposti a peer review, che dovrebbe fondarsi ogni valutazione seria, sia in ambito accademico che giuridico.

Distorsione, insinuazione e costruzione del dubbio

La campagna contro la prof.ssa Carla Rossi e contro il centro RECEPTIO non è nata dal nulla, né si è manifestata come un episodio isolato. Essa ha seguito, al contrario, una strategia precisa e ormai ben documentata nella sociologia della conoscenza: quella della *fabbricazione del dubbio*, adottata in molteplici contesti in cui interessi consolidati si trovano minacciati da indagini autonome e scomode. Come documentato nei quattro volumi principali pubblicati da Rossi tra il 2023 e il 2025—*Isabelle Boursier's Book of Hours: A Dismembered Manuscript from Mary Benson's Collection* (Cambridge Scholars Publishing, 2024), *Digital Reconstruction of a Dismembered Book of Hours Illuminated by Robert Boyvin* (CSP, 2024), *The 1879*

Theft of Royal Ms 16 E VIII (CSP, 2025), e *Beyond the Margins: Female Illuminators in Medieval and Renaissance Europe* (Ethics International Press, 2025)—diversi attori coinvolti nella campagna diffamatoria risultano avere legami diretti e documentati con le reti commerciali denunciate dalla studiosa.

Ciò include non solo operatori attivi nel mercato antiquario, ma anche soggetti che, pur mascherandosi da studiosi indipendenti, hanno di fatto contribuito a legittimare o agevolare la circolazione illecita di fogli smembrati. Molti dei detrattori più veementi—tra cui blogger, ricercatori privi di affiliazione accademica e accademici in pensione o collusi con un mercato antiquario corrotto—sono risultati beneficiare, direttamente o indirettamente, di quelle stesse pratiche di mercato che le pubblicazioni di Rossi avevano messo in discussione in modo sistematico.

La dinamica è sempre la medesima: mediante insinuazioni, citazioni selettive, e un uso strategico della decontestualizzazione, si è cercato di minare la credibilità della studiosa non attraverso il confronto scientifico, ma tramite strumenti di delegittimazione propri della disinformazione. Il fine non era confutare tesi o proporre alternative metodologiche, ma erodere lentamente e insidiosamente la fiducia attraverso canali privi di ogni forma di revisione paritaria o responsabilità editoriale.

Le accuse si sono spinte dal ridicolo al palesemente diffamatorio: si è messa in discussione l'esistenza della biblioteca RECEPTIO (ampiamente documentata da fotografie, inventari e testimonianze di chi l'ha frequentata), si è negata l'esistenza del legale del centro (nonostante atti pubblici e video degli interventi dell'avv. Paolo Bernasconi), e si è giunti infine ad affermare il plagio, la falsificazione di titoli accademici e persino l'invenzione della sede legale. Nessuna di queste accuse ha resistito all'analisi dei fatti. Tuttavia, la loro reiterazione su blog interconnessi, social network e persino mailing list istituzionali ha creato un clima di sospetto dove l'onere della prova veniva capovolto e la calunnia operava come strumento di delegittimazione.
La risposta accademica a un simile attacco non può adottare gli stessi strumenti della macchina diffamatoria. Come si argomenterà nelle pagine seguenti, contrastare la distorsione richiede una riflessione strutturale sulle dinamiche di complicità accademica, sull'inerzia delle istituzioni universitarie e sull'urgenza di costruire archivi pubblici e documentati della resistenza intellettuale.

Amplificazione attraverso canali pseudo-accademici: il caso di Retraction Watch

All'inizio del 2023, in seguito a post diffamatori su blog privi di revisione e a discussioni anonime su Reddit, apparve una voce su *Retraction Watch*, un sito che si presenta come osservatorio del comportamento scorretto nel mondo della ricerca scientifica. Nonostante il tono di apparente autorevolezza accademica, *Retraction Watch* pubblicò affermazioni non verificate sulla prof.ssa Carla Rossi, basandosi esclusivamente su fonti inattendibili come commenti anonimi di Reddit e il blog *mssprovenance* — senza mai contattare direttamente l'interessata per un chiarimento o per il diritto di replica.

Tale voce, ancora indicizzata a maggio 2025, ha contribuito in maniera determinante alla diffusione di contenuti diffamatori, sfruttando il proprio travestimento da piattaforma scientifica per dare legittimità a informazioni false. L'effetto è stato amplificato dal funzionamento degli algoritmi di Google Scholar, dei motori di ricerca associati a ORCID e dei cataloghi bibliotecari, che hanno recepito il contenuto come se provenisse da fonte accreditata.

Il post in questione portava il titolo: "*Swiss professor's institute doesn't seem to exist. But that didn't stop her from using it as an affiliation*", riprendendo e rilanciando attacchi già ampiamente smentiti da verifiche documentali. Non è soltanto la falsità delle affermazioni a rendere grave il caso, ma il fatto che esse siano state formulate con un tono giornalistico para-accademico, mascherando la diffamazione sotto la parvenza di indagine. Il sito non ha verificato gli atti legali né consultato le pubblicazioni o i registri istituzionali. Né ha mai accolto le richieste di rettifica o rimozione.

Questo episodio è emblematico di una tendenza più ampia: quella che vede blog e piattaforme prive di responsabilità editoriale e senza revisione paritaria agire come moltiplicatori di danni reputazionali, in particolare nei confronti di ricercatrici attive in ambiti interdisciplinari o emergenti.

Diffamazione nei commons digitali: un caso esemplare da Hacker News

Tra i numerosi interventi online che hanno alimentato la campagna denigratoria contro la prof.ssa Carla Rossi, uno dei più pervasivi a livello algoritmico è un thread pubblicato su *Hacker News*, piattaforma comunitaria che si presenta come spazio di dialogo aperto su tecnologia, scienza ed etica digitale.

Nel febbraio 2023, un utente avviò una discussione con l'intestazione fuorviante "*Swiss professor investigated for fraud over fake institute*", collegando il proprio post a un articolo di *Kath.ch* in seguito rimosso — fonte già dimostratasi imprecisa e diffamatoria. I commenti che seguirono diedero adito a speculazioni sulla salute mentale della prof.ssa Rossi, sui suoi titoli accademici e persino sulla sua vita privata, senza che alcun meccanismo di moderazione intervenisse o che fossero offerte correzioni fattuali.

Il thread fu artificialmente promosso e rimane tuttora indicizzato tra i primi risultati per ricerche come "*Carla Rossi Zurich fraud*", nonostante il fatto che:

- il cosiddetto "istituto fittizio" fosse in realtà un centro di ricerca legalmente registrato (RECEPTIO), attivo fino al 2023 e regolarmente sciolto secondo le normative vigenti;
- Le informazioni provenissero da una campagna orchestrata da un mercante di manoscritti privo di affiliazioni accademiche, con interessi diretti nel mercato denunciato dalla studiosa (Peter Kidd).
- Il thread di *Hacker News*, mai aggiornato né rimosso, continua a veicolare una narrazione falsa che si è dimostrata straordinariamente resistente a ogni tentativo di correzione, smentita o responsabilizzazione della piattaforma. La sua

permanenza contribuisce a ciò che gli studiosi di etica dei media definiscono *epistemic injustice by crowd*: la trasformazione di accuse infondate in verità apparenti attraverso la ripetizione, il posizionamento algoritmico e l'assenza di verifica.

- Documentazione archivistica sull'articolo rimosso di *Kath.ch* e sulle fonti primarie che smentiscono tali affermazioni è stata fornita nei capitoli precedenti (cfr. *Timeline* e *Legal Documentation*).

Diffamazione algoritmica: Reddit e l'illusione della verità partecipativa

Uno degli episodi più dannosi dell'affaire #ReceptioGate non si è verificato su una piattaforma accademica o giornalistica, bensì su Reddit — un sito comunitario che consente la promozione di contenuti non moderati attraverso il sistema dei voti degli utenti (*upvotes*).

Nel gennaio 2023, un thread intitolato "*This Swiss professor might have invented her entire institute*" è comparso nel subreddit r/AcademicPhilosophy. Il post si basava interamente su link a blog diffamatori (in particolare *mssprovenance*) e utilizzava espressioni quali "fraudster" (*truffatrice*), "made-up credentials" (*titoli inventati*).

Il problema non risiede soltanto nei contenuti — anonimi e privi di verifica — ma nella loro potenza di indicizzazione. A tutt'oggi (2025), questo thread di Reddit compare stabilmente tra i primi risultati nelle ricerche Google con query come:

- "Carla Rossi Zurich"
- "ReceptioGate professor fraud"
- "fake academic institute Switzerland"

Ciò accade nonostante:

- Il centro di ricerca RECEPTIO fosse legalmente registrato, attivo fino al 2023 e dotato di pubblicazioni, documentazione contabile e collaborazioni scientifiche accreditate;
- Le accuse provenissero da una rete di individui connessi al commercio antiquario di manoscritti, oggetto delle denunce pubbliche e legali della stessa Rossi.

La combinazione tra l'assenza di accountability di Reddit e la sua *domain authority* molto elevata conferisce a queste accuse infondate un peso sproporzionato nei risultati dei motori di ricerca, influenzando anche i set di addestramento dell'intelligenza artificiale e i suggerimenti automatici di completamento delle query. Questo fenomeno rientra sempre più spesso in ciò che i giuristi internazionali definiscono *danno reputazionale facilitato dalla piattaforma*, con effetti particolarmente gravi quando il bersaglio è una studiosa donna che ha osato denunciare interessi commerciali consolidati e opachi.

Solidarietà accademica e supporto pubblico

Di fronte alla campagna diffamatoria diretta contro la prof.ssa Carla Rossi — una campagna segnata da email anonime, necrologi falsi, manipolazioni della voce Wikipedia e perfino minacce di morte — numerosi studiosi internazionalihanno assunto posizioni pubbliche e documentate a sostegno della sua figura e del suo lavoro. Le loro dichiarazioni, lettere e interventi video rappresentano una riaffermazione collettiva dell'etica accademica, della trasparenza e della solidarietà contro la violenza reputazionale.

Tra i primi a intervenire vi è stato il prof. Carlo Chiurco, professore associato di Etica e Filosofia sociale e politica all'Università di Verona, che ha pubblicato un video in lingua inglese (disponibile su www.oprom.eu/statement) in cui condanna senza ambiguità i metodi non accademici impiegati per colpire la prof.ssa Rossi. Chiurco ha ribadito che ogni critica alla produzione scientifica deve avvenire all'interno dei canali legittimi del confronto accademico — riviste scientifiche sottoposte a peer review e sedi qualificate — e non attraverso campagne denigratorie o diffamazione anonima.

Tra i sostenitori più autorevoli e tempestivi si annoverano anche il filologo prof. Michel Zink del Collège de France, il prof. Romeo Bufalo, ordinario di Estetica all'Università della Calabria, e il prof. Antoni Rossell, filologo romanzo e musicologo dell'Universitat Autònoma de Barcelona. Tutti hanno espresso pubblicamente la loro stima per l'integrità scientifica della prof.ssa Rossi, denunciando con fermezza le gravi violazioni di cui è stata oggetto.

Parallelamente, numerosi studiosi di fama internazionale hanno indirizzato lettere aperte alle istituzioni che avevano ricevuto comunicazioni diffamatorie contro la prof.ssa Carla Rossi, prendendo le sue difese e attestando il valore scientifico delle sue ricerche. Tra questi firmatari figurano:

- Il prof. Philippe Guérin (Sorbonne), la cui lettera è consultabile pubblicamente sul sito dell'OProM
- Il prof. Furio Brugnolo (Università di Padova)
- Il prof. Alfonso D'Agostino (Università degli Studi di

Milano)

- Il prof. Franco De Vivo (Università di Roma "Tor Vergata")
- Il prof. Martin D. Glessgen (Università di Zurigo – Romanisches Seminar)
- Il prof. Saverio Guida (Università degli Studi di Messina)
- Il prof. Giorgio Inglese (Sapienza Università di Roma)
- Il prof. Patrick Labarthe (emerito, Università di Zurigo – Romanisches Seminar)
- La prof.ssa Lucia Lazzerini (Università degli Studi di Firenze)
- Il prof. Raffaele Pinto (Università di Barcellona)
- La prof.ssa Lucinia Speciale (Università del Salento)
- Il prof. Agostino Ziino (Università di Roma "Tor Vergata")

Con il progredire degli eventi, ulteriori studiosi e personalità della cultura hanno manifestato pubblicamente il proprio sostegno, fra cui:

- La prof.ssa Malinka Velinova, filologa romanza dell'Università di Sofia
- La prof.ssa Leena Löfstedt, autorevole filologa romanza, già collaboratrice della prof.ssa Rossi e oggi emerita presso l'UCLA e l'Università di Helsinki
- Il dott. Paolo Spaggiari

- Il prof. Franco Langher, già magistrato antimafia presso la Procura di Messina e docente di Diritto dell'economia
- La dott.ssa Maria Giovanna Fadiga, in collegamento con la casa editrice Imago (Rimini)
- La prof.ssa Cinzia Pignatelli (Université de Poitiers)
- Il prof. Martin Aurell, eminente medievista dell'Université de Poitiers e membro dell'Institut Universitaire de France

Un episodio particolarmente rivelatore ha coinvolto lo stesso Peter Kidd, il quale ha scritto via email al prof. Aurell insinuando che il suo sostegno alla prof.ssa Rossi fosse motivato da una "relazione personale" piuttosto che da stima accademica. Il prof. Aurell ha replicato con fermezza e cortesia, in linea con il rigore che ne contraddistingue da sempre il profilo scientifico. Pochi giorni dopo tale scambio, il prof. Aurell ha ricevuto minacce anonime, documentate nella pagina dedicata sul sito dell'OProM: https://www.oprom.eu/m%C3%A9faitscontreloprom

Questo ampio e articolato sostegno accademico ha non solo ristabilito chiarezza pubblica attorno al profilo e all'attività scientifica della prof.ssa Carla Rossi, ma ha anche evidenziato l'urgente necessità che le istituzioni si dotino di strumenti efficaci per tutelare i ricercatori da campagne diffamatorie orchestrate, soprattutto quando esse si radicano in conflitti d'interesse legati al mercato antiquario dei manoscritti smembrati. L'Organisation pour la Protection des Manuscrits Médiévaux (OProM) mantiene un archivio pubblico, costantemente aggiornato, di tutte le lettere di sostegno, delle dichiarazioni e dei materiali audiovisivi raccolti in difesa della prof.ssa Rossi.

Complicità istituzionale: 1. Il ruolo della Società Internazionale di Storia della Miniatura – Napoli

Sulla base di email archiviate, registri delle mailing list e cronologie documentate degli eventi pubblici, la presente sezione ricostruisce come i canali di comunicazione e l'identità istituzionale della Società siano stati impiegati—talvolta senza autorizzazione formale, talvolta a causa dell'inazione della dirigenza—per amplificare contenuti diffamatori diffusi da attori commerciali e loro alleati accademici.

Tra le prove documentate ho consultato:

- Email inviata il 1° aprile 2023 a tutti i soci della Società, a nome della presidente Alessandra Perriccioli Saggese, utilizzando l'indirizzo ufficiale

della Società.
Contenuto: dichiarazioni diffamatorie contro la prof.ssa Carla Rossi, presentate come se provenissero da una presa di posizione istituzionale.
Fonte: PDF archiviato con data certa disponibile su www.receptio.eu/diffamazione

Ulteriori comunicazioni anonime o pseudonime inviate tra dicembre 2022 e marzo 2023, attraverso l'infrastruttura della mailing list della Società.
– In alcuni casi, i metadati delle email rimandano a un docente in pensione dell'Università di Zurigo.
– **Fonte**: analisi forense dei messaggi (documentazione disponibile su richiesta presso il Centro di Ricerca sulla Tradizione Filologica Europea).

Assenza di rettifica o smentita: benché tali azioni siano state segnalate da numerosi destinatari e dalla stessa prof.ssa Rossi, la Società non ha mai emesso alcuna dichiarazione di smentita o di presa di distanza.
Va inoltre ricordato che, prima dell'esplodere del cosiddetto caso ReceptioGate, numerosi membri della Associazione avevano partecipato attivamente a iniziative scientifiche organizzate dal centro RECEPTIO, sia nella

sua forma di fondazione sia successivamente come associazione culturale. Si trattava di progetti pubblici, documentati e riconosciuti in ambito accademico. Proprio per questo motivo risulta particolarmente grave e deontologicamente inaccettabile il silenzio mantenuto dalla Società mentre contenuti diffamatori venivano diffusi a suo nome.

Tra le collaborazioni più significative:

• *Tesori di Pergamena* (22 aprile – 17 giugno 2021): ciclo di seminari pubblici dedicati ai manoscritti medievali, tenuti online su Zoom, in collaborazione con l'Università di Cassino. Tra i relatori settimanali:

– Marilena Maniaci (Cassino)
– Giulia Orofino (Cassino)
– Alessandra Perriccioli Saggese (Campania / Suor Orsola Benincasa)
– Antoni Rossell (Barcellona)
– Leonardo Magionami (Siena)
– Orietta Da Rold (Cambridge)

Programma e video registrazioni disponibili su:
https://www.receptio.eu/seminaire2020

• *Bibles, Evangeliaries, Breviaries and Books of Hours* (11 novembre 2021 – 26 maggio 2022):
seminario pubblico incentrato sui manoscritti liturgici,

anch'esso in collaborazione con l'Università di Cassino.

Coordinato dalla prof.ssa Carla Rossi, con contributi di:

- Rebekah Cochell (Liberty University)
- Gianluca Millesoli (Siena)
- Maggie Crosland (Saint Louis Art Museum)
- Hayarpi Hakobyan (Yerevan State University)
- Adrienn Orosz (Eötvös Loránd University)
- Francesca Manzari (Sapienza, Roma)
- Teresa D'Urso (Università della Campania)
- Marilena Maniaci & Giulia Orofino (Cassino)
- Alessandra Perriccioli Saggese (Vanvitelli / Suor Orsola Benincasa)
- Orietta Da Rold (Cambridge)
- Megumi Tanabe (Kansai University)
- Josefina Planas Badenas (Lleida)
- Lucinia Speciale (Università del Salento)

Programma archiviato al link:

https://www.oprom.eu/s%C3%A9minairecodicologie21-22

Entrambi i seminari facevano parte di un corso triennale strutturato di *Codicologia applicata*, promosso da RECEPTIO con riconoscimento accademico dei crediti formativi.

Nonostante questa collaborazione documentata e trasparente, **l'account email ufficiale della Società** è stato utilizzato in almeno **tre occasioni tra dicembre 2022 e aprile 2023** per inviare accuse diffamatorie contro la prof.ssa Rossi a un ampio gruppo di studiosi, sfruttando il database interno dei soci. In un caso specifico, **un'email anonima mascherata da comunicazione interna** è stata inviata da quell'indirizzo, senza essere stata redatta né autorizzata dalla presidente. **Il linguaggio, il tono e i metadati** della comunicazione suggeriscono fortemente il coinvolgimento di un professore noto per i suoi contatti con Peter Kidd e con altri attori implicati nella campagna di discredito. Questa ipotesi è stata rafforzata dalla raccolta di numerosi **indirizzi IP riconducibili a individui coinvolti nella diffusione di contenuti diffamatori**.

Riflessioni generali a conclusione dello studio

Quanto emerso nel presente volume non riguarda soltanto la vicenda individuale di una studiosa, né può essere relegato nell'ambito di una controversia tra pari. Si tratta, piuttosto, di un caso esemplare che mette in luce la vulnerabilità delle istituzioni accademiche di fronte a campagne orchestrate di delegittimazione e di manipolazione dell'informazione, soprattutto quando queste trovano eco o passività in ambiti istituzionali formalmente estranei, ma funzionalmente coinvolti.

Nel caso specifico della Società Internazionale di Storia della Miniatura, il rifiuto di prendere posizione, di chiarire pubblicamente l'indebito utilizzo del proprio indirizzo ufficiale e la mancata trasparenza circa le eventuali denunce inoltrate alle autorità competenti – pur promesse verbalmente – non solo hanno permesso il protrarsi della diffamazione, ma hanno conferito, per omissione, una parvenza di legittimità agli attacchi. Il silenzio, in questo contesto, non è stato neutro: ha svolto un ruolo attivo nella costruzione e nel rafforzamento di una narrazione accusatoria, che ha trovato sponda in blog, articoli di stampa non verificati e discussioni anonime online.

La tempistica degli eventi è indicativa. A pochi giorni dalla pubblicazione dell'articolo su *AboutArt* (20 dicembre 2022), in cui venivano denunciate pratiche illecite nel commercio internazionale di manoscritti miniati, e dalla presentazione della denuncia formale ai Carabinieri per la Tutela del Patrimonio Culturale, è partita una campagna mediatica culminata con la diffusione di informazioni false e lesive, come l'articolo poi rimosso da *Kath.ch* e le reiterate calunnie provenienti da soggetti coinvolti nel mercato antiquario. L'inerzia della Società – precedentemente partner in iniziative scientifiche promosse da RECEPTIO – ha costituito, in questa dinamica, un elemento decisivo per la costruzione di un consenso diffamatorio, basato non su prove, ma su reticenze e ambiguità istituzionali.

Il presente volume intende dunque sollevare interrogativi di più ampia portata: qual è il dovere etico di una società accademica quando la propria autorevolezza viene strumentalizzata per colpire uno dei suoi membri ? Fino a che punto il non-intervento può essere considerato corresponsabile ? E quali strumenti possono essere adottati per evitare che la violenza reputazionale passi inosservata nei meccanismi interni della comunità scientifica ?

Domande che non trovano risposta definitiva in questa sede, ma pongono le basi per una riflessione che sarà al centro del secondo volume attualmente in preparazione, dedicato al ruolo dell'Università di Zurigo e del Fondo Nazionale Svizzero nella gestione della campagna diffamatoria contro la Professoressa Carla Rossi. Anche in quel contesto, la rinuncia al contraddittorio e la mancata applicazione dei protocolli interni per la tutela della reputazione accademica meritano un'analisi approfondita, fondata su documentazione diretta e verificabile. Solo attraverso la ricostruzione trasparente dei fatti sarà possibile restituire alla comunità scientifica gli strumenti critici per difendere i propri membri da strategie di delegittimazione che, dietro una facciata di dibattito, celano interessi profondamente lesivi della libertà di ricerca.

Nomi citati in questo volume

www.ingramcontent.com/pod-product-compliance
Lightning Source LLC
LaVergne TN
LVHW051022051026
849532LV00004BA/1320
9782488512022